Über den Autor

Axel Jomeyer, Jahrgang 1967, Reserveoffizier, Magister, studierte an der FU Berlin Film- und Theaterwissenschaft, Germanistik und Religionswissenschaft und ist professioneller Sprecher, Darsteller, Autor und Produzent. Er ist seit mehr als 30 Jahren im Film- und Fernsehgeschäft tätig, unter anderem für MTV, Constantin Film, Odeon Film, ZDF/3sat, seit 2000 als freier Regisseur. Zudem hat er als Produktions- und Tourneemanager im Showbusiness gearbeitet.

Seit mehr als 25 Jahren praktiziert Axel Jomeyer Zen. Er lebt mit seiner Ehefrau in Wiesbaden.

Axel Jomeyer bietet individuelles Coaching im Rahmen einer ganzheitlichen Persönlichkeitsentwicklung zur Entfaltung des Potentials und der Erarbeitung medienspezifischer Fertigkeiten vor Publikum und Kamera. Auch die Fertigkeiten eines Sprechers können bei ihm erlernt werden. Er steht ebenfalls als Redner zur Verfügung.

Nehmen Sie gerne Kontakt mit ihm auf unter axel@jomeyer.de oder +49 (0)172 3105580.

On Stage

Mit professioneller Leichtigkeit vor Publikum sprechen

Sofort-Tipps

&

die wesentlichen Informationen zu

Mindset, Psychologie, Körpersprache, Stimme,

Organisation und Technik

Axel Jomeyer

© 2020 Axel Jomeyer

Autor: Axel Jomeyer
Umschlaggestaltung: Zoe Boecker
Foto Buchcover: istockphoto, cscredon
Lektorat: Julia Skelac, www.lektorat-kleiner-spitz.de

Verlag & Druck: tredition GmbH, Halenreie 40-44, 22359 Hamburg
ISBN: 978-3-347-06596-3 (Paperback)
ISBN: 978-3-347-06597-0 (Hardcover)
ISBN: 978-3-347-06598-7 (e-Book)

Bibliografische Information der Deutschen Nationalbibliothek:
Die Deutsche Nationalbibliothek verzeichnet diese Publikation in der Deutschen Nationalbibliografie; detaillierte bibliografische Daten sind im Internet über http://dnb.d-nb.de abrufbar.

Widmung

Gewidmet dem Leben selbst, das mich geschult und geformt hat und es noch tut,
und jenen Menschen und Tieren, die, gewollt oder ungewollt,
dazu beigetragen haben und es noch tun.

Inhaltsverzeichnis

Tu einfach das, was du tust, ohne über Gewinn und Verlust nachzudenken.

Gib alle Kraft, die du hast, hin an diesen einen Augenblick.

Kōdō Sawaki

1 Zu diesem Buch

1.1 Ist dieses Buch für dich geschrieben?

Ja, wenn du vor Menschen sprechen musst oder möchtest – im privaten oder im beruflichen Rahmen.

Es richtet sich im professionellen Bereich an Speaker, Redner, Moderatoren und Schauspieler, also Menschen, die auf der Bühne stehen, Menschen, die einen Vortrag, eine Präsentation oder einen Showact abliefern. Auch Kommunikationstrainer und Coaches sind angesprochen, die ihre Klienten dabei unterstützen, sicher, locker und professionell vor anderen Menschen aufzutreten. Im Geschäftsbereich sind es die Unternehmer, Geschäftsführer und Angestellten, die auf einem Firmenevent oder in einer Besprechung professionell ihre Positionen vertreten möchten.

Viele Tipps, Ratschläge und Übungen kannst du sehr gut auch für das Sprechen vor Menschen – und generell für die Kommunikation – im privaten Bereich nutzen.

1.2 Auf welche Rede-Formen bezieht sich dieses Buch?

On Stage bezieht sich auf alle Arten von Vortrag, die vorbereitet werden müssen beziehungsweise können.

Im Detail sind zwar bei einer Präsentation im Firmenmeeting andere Punkte zu beachten als bei einer Hochzeitsrede im Kreise der Familie und wieder andere bei einem professionellen Bühnenauftritt als Speaker. Bei diesen und allen weiteren Arten von Vorträgen überwiegen aber ganz deutlich die Gemeinsamkeiten.

Was wohl den meisten Menschen am Sprechen vor anderen, ganz gleich mit welcher Art von Rede, Schwierigkeiten bereitet, ist, vor dem Publikum Selbstsicherheit und Ruhe auszustrahlen. Der Schlüssel dafür ist eine solide fachliche und mentale Basis, sprich: eine gute Vorbereitung. Vor allem die Vorbereitung in Bezug auf die mentale Stärke ist so entscheidend, dass sie das Sprechen vor Publikum, egal welcher Art, immer positiv beeinflussen wird. Deshalb wirst du mit diesem Buch, das in seiner ganzheitlichen Betrachtungsweise einen großen Teil der mentalen Basis widmet, für jede Art von Vortrag eine wertvolle Hilfe haben.

Das größte Maß an Praxis-Skills erfordern Vorträge im größeren Rahmen, also Bühnenauftritte. Hier gibt es spezielle Herausforderungen, beispielsweise ein großes Publikum zu überzeugen oder mit verschiedenen Arten von Mikrofonen umzugehen. Der zweite große Buchteil, der sich mit der praktischen Durchführung beschäftigt, ist deshalb speziell auf die vielfältigen Anforderungen eines Bühnenauftritts zugeschnitten.

Weil *On Stage* aber auch im Praxisteil das ganzheitliche Konzept verfolgt, bekommst du hier auch Sofort-Tipps zu Punkten wie Körpersprache, Stimme, Mindset und Lampenfieber, die du in allen anderen Vortrags-Settings unmittelbar anwenden kannst.

Zusätzlich findest du in diesem Buch die wesentlichen Informationen zu den speziellen Rede-Formen Moderation, Interview und Diskussion und bekommst viele Praxis-Tipps für jede dieser Rede-Formen.

1.3   Was kann dieses Buch dir bringen?

Dieses Buch unterstützt dich auf deinem Weg, ein guter Redner zu werden. Für den professionellen Kontext heißt das: überzeugende Präsentationen vor den Kollegen zu halten oder – wenn das Auftreten vor Menschen selbst dein Beruf ist – mitreißend, überzeugend und unterhaltsam auf der Bühne zu performen.

Im persönlichen Bereich wird es dir helfen, in Situationen, in denen du vor Leuten sprichst, dich sicher und wohl zu fühlen und deine Zuhörer für dich und dein Thema zu gewinnen.

Ob du nun im beruflichen oder privaten Rahmen Vorträge hältst, kannst du von diesem Buch auf zwei Ebenen profitieren:

Fachliches und mentales Fundament für den Vortrag

Es hilft dir zum einen, deine Ressourcen zu entdecken, zu mobilisieren und zu bündeln, um dich optimal auf das Sprechen vor Menschen vorzubereiten. Dabei zeigt es dir, wie du eine Rede dramaturgisch effektvoll aufbauen kannst und wie du dir ein stabiles mentales und körperliches Fundament für das Sprechen vor Menschen erarbeiten kannst. Dies kann dir auch in persönlichen sozialen Situationen nützlich sein, beispielsweise wenn du in einer Diskussion deinen Standpunkt überzeugend vertreten willst.

Organisation und Durchführung des Vortrags

Zum anderen gibt es dir die entscheidenden Hinweise und Anleitungen, die du in der unmittelbaren Auftrittssituation brauchst. Du erfährst ganz konkret, was du bei der Organisation und Durchführung eines Vortrags beachten solltest und wie du vor dem Publikum deinen Vortrag zu einer ansprechenden und selbstsicheren Performance machst. Dazu findest du sowohl Hintergrundwissen als auch Sofort-Tipps zu Körpersprache, Stimme, Bühnennutzung und zur Verwendung von Mikrofon und Präsentationshilfen bis hin zum Umgang mit Lampenfieber und Blackout.

1.4   Wie ist dieses Buch aufgebaut?

Das Buch ist in zwei Hauptteile eingeteilt: *Teil A – die Basis* und *Teil B – der Vortrag*.

Teil A ist der tiefgreifenden und ganzheitlichen Vorbereitung gewidmet.
Es geht hier darum, wie du eine Rede sinnvoll und effektiv konzipierst, aber vor allem auch darum, wie du dich selbst für die Bühnensituation fit machst, nämlich dir ein Selbstverständnis als Redner erarbeitest und dir das mentale und körperliche Fundament für das selbstsichere Sprechen vor Publikum schaffst.

Im Einzelnen wirst du in *Teil A – die Basis* erfahren
- was eine gelungene Rede und einen überzeugenden Redner ausmacht
- wie du die richtige Einstellung zum Thema deines Vortrags, zu deinem Publikum und zu dir selbst bekommst
- wie du deine schriftliche Vorlage optimal gestaltest und welche Aufbaumuster du für unterschiedliche Arten von Vorträgen verwenden kannst
- wie du deine körperlichen und deine stimmlichen Skills für die Situation auf der Bühne vorbereiten kannst
- was du bei Schüchternheit und Angst vor Erröten tun kannst

In Teil B geht es um die Praxis, um die Durchführung des Vortrags selbst.
Teil B setzt aber nicht erst am Augenblick des Bühne-Betretens an, sondern zeigt dir, wie du die Zeit in den Tagen und unmittelbar vor deinem Auftritt optimal nutzen kannst, welche organisatorischen Dinge wichtig sind und was du nach dem Auftritt beachten solltest. Dieser Buchteil stellt eine Art Praxis-Leitfaden dar, an dem du dich bei einem konkreten Auftritt Schritt für Schritt entlangbewegen kannst.

In *Teil B – der Vortrag* erfährst du
- wie du die Zeit vor deinem Bühnenauftritt am besten organisierst und dich in einen guten körperlichen Zustand versetzt
- wie du während des Sprechens deinen Körper, deine Stimme und technische Hilfsmittel richtig einsetzt und das Publikum für dich gewinnst
- wie du mit Lampenfieber und Redeangst umgehen kannst
- wie du mit überwältigen Emotionen oder auch Leeregefühlen nach deinem Bühnenauftritt umgehen und ihnen vorbeugen kannst

Für deine Fähigkeit, vor Leuten erfolgreich zu sprechen, hat das Fundament eine entscheidende Bedeutung, und diese Basis zu bauen, wird durchaus deine Geduld erfordern.

Doch auch für eine direkt bevorstehende Rede kannst du dieses Buch sehr gut nutzen und musst es vorher nicht erst ganz durchlesen. Die Hinweise, Tipps und praktischen Übungen In Teil B kannst du unmittelbar bei deiner nächsten Vor-Menschen-sprechen-Situation anwenden.

GEWUSST WIE

Du erfährst in diesem Buch aber nicht nur, *was* du für das Gelingen deiner Vorträge tun kannst, sondern bekommst auch Anleitungen für das *Wie*.

In zahlreichen optisch als Kasten abgesetzten Extra-Abschnitten erhältst du Hintergrundwissen, Tipps und konkrete Praxis-Übungen, die dir helfen sollen, dich rundum als Redner fit zu machen.

Als besonderes Extra findest du im Anhang des Buches Interviews mit zwei professionellen Bühnenmusikern, die ich im Vorfeld befragt habe. Hier erzählen die bühnenerfahrene Showgröße Evi Niessner und der Solo-Trompeter Samuel Walter, wie sie jeweils mit den Herausforderungen umgehen, die ihre Auftritte vor Publikum mit sich bringen.

Ein Hinweis zur Sprachpraxis dieses Buchs

Für die Erwähnung von Personengruppen wie Redner, Musiker, Zuhörer etc. wird das generische Maskulinum verwendet.

Dies beruht darauf, dass es keine Rolle spielt, welchen Geschlechts die Personen in den jeweiligen genannten Eigenschaften sind, und dass eine genderneutrale Wortform nicht für jede Personengruppe existiert.

Die Verwendung der maskulinen Formen will keinesfalls eine ideologische Haltung hinsichtlich der Wertigkeit von Geschlechteridentitäten ausdrücken, sondern soll ausschließlich der besseren Lesbarkeit dienen.

1.5 Auf einen Blick: die wichtigsten Tipps für einen erfolgreichen Vortrag

Hier sind im Überblick die zwölf wichtigsten Dinge, die du bei deinem Vortrag beachten und die zwölf wichtigsten, die du vermeiden solltest.

Zwölf Tipps für den erfolgreichen Vortrag

1. Arbeite an deiner Körpersprache und Stimme.
2. Erarbeite eine Rede mit dramaturgischem Bogen.
3. Finde einen interessanten und spannenden Einstieg.
4. Beende die Rede mit einer Handlungsaufforderung.
5. Zeichne deine Rede vorher zur Analyse auf Video auf.
6. Schau dir den Veranstaltungsort und die technischen Gegebenheiten rechtzeitig an.
7. Passe dich deinem Publikum in Kleidung und Wortwahl an.
8. Iss vor deinem Auftritt Leichtverdauliches.
9. Energetisiere dich vor deinem Auftritt, zum Beispiel mit Power-Posen oder Musik.
10. Verinnerliche Techniken und Rituale zur Linderung des Lampenfiebers.
11. Liebe dein Publikum und baue Kontakt zu ihm auf.
12. Lächle, nimm dich nicht zu ernst, bleib authentisch.

Zwölf Dinge, die du vermeiden solltest

1. Nachlässige Kleidung
2. Sich nicht mit der Technik-Abteilung abzusprechen
3. Für einen Blackout nicht vorbereitet sein
4. Authentizität mit Unvorbereitet-Sein verwechseln
5. Nicht gekonnte Schauspielerei
6. Das Publikum vorneweg um Entschuldigung für eigene Unzulänglichkeiten bitten
7. Kleine Körpersprache und geschlossene Stimme
8. Dem Publikum den Rücken zudrehen
9. Sich ständig redend auf der Bühne hin- und herbewegen
10. Keinen Blickkontakt zum Publikum halten
11. Reines Ablesen
12. Falscher Einsatz einer PowerPoint-Präsentation

2 Teil A – die Basis

Um eine gut improvisierte Rede zu halten, braucht man
mindestens drei Wochen.
Mark Twain

2.1 Was macht einen Vortrag zu einem gelungenen Vortrag?

Erinnere dich an eine Situation, wo du als Zuhörer von einem Vortrag besonders gefesselt warst. Vermutlich trug der Redner seinen Vortrag nicht auswendig heruntergespult vor oder als steif vorgelesenen Text, sondern er sprach locker und frei, reagierte gelassen auf Zwischenfragen oder sonstige unvorhergesehene Dinge. Er präsentierte das, was Mark Twain eine gut improvisierte Rede nennt.

Es ist ganz natürlich, dass wir von einer Präsentation oder einem Musikvortrag besonders in den Bann gezogen werden, wenn die darbietende Person alles spontan aus dem Ärmel zu schütteln scheint. Wir sind dann als Zuhörer nicht davon abgelenkt, dass wir dem Menschen auf der Bühne Mühe und Anstrengung anmerken. Wir können uns ganz auf den Inhalt konzentrieren, den wir dargeboten bekommen, und uns ganz dem Genuss eines spannenden und unterhaltsamen Vortrags hingeben.

In seiner Ausstrahlung kam der Redner oder Künstler, an den du dich gerade erinnerst, vermutlich sehr ungezwungen und authentisch bei dir an. Er musste sich um deine Aufmerksamkeit nicht bemühen, er hatte sie vom ersten Moment wie ganz von selbst.
Was diesen Vortrag zu einem gelungenen Vortrag machte, war also die Mühelosigkeit und die persönliche Präsenz, mit der dir hier etwas dargeboten wurde. Wie kannst auch du diese Leichtigkeit und diese Präsenz erreichen?

2.2 Woher kommt Bühnenpräsenz?

(Bühnen-)Präsenz kannst du üben.

Bühnenpräsenz liegt manchen Menschen von Natur aus etwas mehr im Blut, manchen etwas weniger, doch in jedem Fall kannst du durch bewusstes Üben ein Gefühl für sie erlangen und das, was von ihr bereits bei dir vorhanden ist, stärken.

Der Name des Wortes Präsenz verrät schon: Es geht um präsent sein, also: anwesend sein, in der Situation sein, im Hier und Jetzt sein.
Es erscheint zunächst seltsam, dass es nötig sein soll, sich Präsenz erst zu erarbeiten, denn natürlich sind wir physisch jederzeit in der

Situation anwesend, in der wir uns gerade befinden. Doch wie sehr sind wir es auch im Kopf und emotional?

Sehr häufig sind wir mit den Gedanken und Gefühlen nicht in der Situation, in der wir gerade physisch anwesend sind, sondern in der Vergangenheit oder Zukunft. Manchmal switchen wir gedanklich auch innerhalb kurzer Zeit mehrmals zwischen Vergangenem und Künftigem hin und her.

Als Beispiel eine alltägliche Situation: Du stehst an der Haltestelle und wartest auf den Bus zur Arbeit. Wo sind deine Gedanken? Vielleicht denkst du daran, wie du gleich mit den Kollegen etwas besprechen wirst. Dann schweifen deine Gedanken zu der Erinnerung an das letzte Meeting. Vielleicht ist dieses unharmonisch abgelaufen und obwohl du dich physisch in einer völlig neutralen Situation befindest, lassen die Gedanken an das unangenehme Meeting deine Nackenpartie steif und deine Atmung unruhiger und flacher werden – und diese höchst präsenten Körperreaktionen nimmst du wahrscheinlich nicht einmal wahr. In diesem Zustand der mentalen Abwesenheit befinden wir uns in Alltagssituationen sehr häufig: Innerlich sind wir irgendwo, nur nicht präsent im Hier und Jetzt, nicht bei uns selbst.

Wie aber kannst du erreichen, in einer Situation mental präsent zu sein? Indem du achtsam betrachtest, was *jetzt* ist. Schaue dir bewusst an: Was sehe ich um mich herum, was kann ich hören und riechen? Wo sind meine Gedanken gerade? Welche Emotionen regen sich in diesem Moment in mir? Welche körperlichen Empfindungen kann ich wahrnehmen?

Es ist nicht nötig, dass du die Gedanken und Empfindungen, die du gerade wahrnimmst, bewertest, es ist für das Präsentsein sogar hinderlich. Du musst nichts tun, außer wahrzunehmen. Kommen und gehen lassen. Nichts unterdrücken, nichts kontrollieren wollen; nicht schauen, woher die Gedanken kommen, nicht schauen, wohin sie gehen.

Doch das wertfreie Betrachten der eigenen Gedanken, Gefühle und körperlichen Empfindungen ist gar nicht so leicht. Wenn du es einmal versuchst, wirst du vermutlich feststellen, dass die Identifizierung mit den Gedanken - also die Annahme, dass du und die Gedanken eins sind – wieder eingesetzt hat und du Assoziationsketten gebildet hast. Die Gedanken schweifen umher und springen, wie es im Zen heißt, wie ein Affe von Ast zu Ast. Wir sind es nicht gewohnt, in unserem normalerweise eher auf Produktivität ausgerichteten Tagesablauf innezuhalten und wertfrei die Aufmerksamkeit auf den gegenwärtigen Moment zu legen, denn wir denken schon daran, was wir als nächstes tun müssen, wie wir die nächste Herausforderung meistern können.

Doch mit jedem Mal, wo du dich auf das wertfreie Wahrnehmen konzentrierst, wirst du dich in der Achtsamkeit üben, die dir langfristig Präsenz und Selbstvertrauen verschafft. Nach einiger Zeit wirst du schneller bemerken, wenn du in einer Gedankenschleife bist, und dich mit Achtsamkeit für deinen Körper, deinen Verstand und deine Gefühle aktiv wieder in den Moment holen.

Falls dir schon in kurzer Zeit eine Rede bevorsteht, musst du jedoch nicht warten, bis sich der Übungseffekt eingestellt hat. Du kannst das achtsame Wahrnehmen von Körper, Geist und Emotionen auch gezielt das nächste Mal in den Minuten, bevor du die Bühne betrittst, praktizieren und kannst dadurch schon spürbar mehr Präsenz bei deinem Auftritt haben. Eine ruhige Bauchatmung wird dich dabei unterstützen.

Mühelose Performance kommt von achtsamer Vorbereitung.

In Bezug auf die Leichtigkeit und Mühelosigkeit beim Vortrag ist es wichtig, sich bewusst zu machen: So gut wie immer sind (scheinbar) mühelos dargebotene Vorträge das Ergebnis davon, dass Zeit und Sorgfalt in die Vorbereitung gesteckt wurde.

Genau wie im Hinblick auf die Präsenz auf der Bühne ist es auch schon bei der Vorbereitung des Vortrags von hohem Nutzen, die eigenen Gedanken, Gefühle und den Körper bewusst wahrzunehmen und sie dadurch als die Ressourcen Verstand, Emotionen und Physis zusammenzuführen.

Wenn bei der Planung einer Rede nur der Verstand eingesetzt wird, wird nicht nur wertvolles Potential verschenkt. Es ist mit dem Außer-Acht-Lassen des Körpers und der Gefühle auch geradezu vorprogrammiert, dass der Vortrag schwächeln oder ganz misslingen wird. Denn wenn du später auf der Bühne beziehungsweise vor deinen Kollegen deine Gedanken zu Sprache formen wirst, ist zwar vor allem dein Verstand im Einsatz, deinen Körper und deine Gefühle wirst du aber immer auch mit bei dir haben und auch sie werden zu den Menschen sprechen. Umso besser also, wenn du im Vorfeld die Weichen stellst, wie sie dies tun werden.

2.3 Bereite deinen Auftritt vor – du bist ein gutes Team!

Was und wie viel du schon im Vorfeld tust, bestimmt in großem Maße, wie sicher du im entscheidenden Moment vor deinem Publikum performen und es überzeugen kannst. Auch wenn du auf die äußeren Umstände wie den Raum, die Konstruktion der Bühne, das Arrangement im Meeting-Raum wenig bis gar keinen Einfluss hast, worüber du die Kontrolle haben kannst, das bist du selber. Und das ist das Entscheidende!

Der in der westlichen Welt bekannte Begriff „Einklang von Körper, Seele und Geist" oder, gemäß der ostasiatischen Spiritualität, die Einheit von Körper, Atem und Geist, mag zunächst trivial oder esoterisch klingen, doch im Prinzip geht es genau darum: um eine ganzheitliche Entfaltung deines inneren Potentials.

Körper, Seele und Geist sind nur Begrifflichkeiten. Als was sie sich dir in deiner Erfahrung und Wahrnehmung zeigen, ist individuell verschieden, alles speist sich ohnehin letztlich aus dem einen Sein. Und wenn du damit in Verbindung trittst, kommst du in deine Kraft. Dein Körper, deine Emotionen und dein Intellekt werden so zu einem harmonischen Dreiklang. Sie klingen jeweils in ihrem eigenen Ton, im Zusammenspiel ergänzen sie sich gegenseitig und es lassen sich schöne Werke damit schaffen.

Wenn du also die Kräfte deines Körpers, deines Verstands und deiner Emotionen zusammenbringst, sie als gutes Team mit ihren unterschiedlichen Stärken konstruktiv zusammenarbeiten lässt, auch schon in der Vorbereitung deiner Rede, dann werden sie dir, dem Chef des Teams, das stabile Fundament geben, interessant und überzeugend vor anderen Leuten zu sprechen.

Widme dich also bei der Vorbereitung deiner Rede ganz systematisch diesen drei Bereichen:

• einem positiven Mindset
Hier geht es um deine Einstellung zu dir selbst, zu dem Thema deines Vortrags und zu deinen Zuhörern. Hieran lässt du dein **Teammitglied Emotionen** arbeiten.

• der theoretischen Konzeption deiner Rede
Hier geht es um das Manuskript deiner Rede, der Strategie deines Vortrags. Hieran lässt du dein **Teammitglied Verstand** arbeiten.

• deinen körperlichen Skills: Haltung, Gestik, Mimik, Stimme
Hier geht es um das Bewusstsein für die Wirkung deiner Körpersprache und für die Möglichkeiten deiner Bewegungen und deiner Stimme. Hieran lässt du dein **Teammitglied Körper** arbeiten.

In der Zusammenarbeit des Teams wird es immer wieder auch zu Überschneidungen kommen, denn wie in jedem guten Team arbeiten auch Körper, Emotionen und Verstand nicht isoliert voneinander. Jedes Teammitglied arbeitet zwar in seinem Zuständigkeitsbereich, hat aber stets Einblick in das Tun der anderen. Die Teamkollegen besprechen sich, tauschen sich aus, gleichen ihre jeweiligen Fortschritte untereinander ab. So wird die Vorbereitung deiner Rede zu einem ganzheitlichen, abgerundeten Vorgehen.

2.3.1 Teammitglied Emotionen: das Mindset

Das englische Wort Mindset setzt sich zusammen aus den Teilen *mind: Geist, Gedanken* und *set: (zusammen-)gesetzt.*

Es geht also darum, sich selbst eine geistige Haltung zu setzen, sich die gedankliche Einstellung zu setzen, mit der man an Dinge herangehen will.

Dein Mindset ist nicht nur die Art und Weise, wie du denkst, sondern auch das, woraus deine Handlungen resultieren. Es beinhaltet deine Lebensweisheiten und die Glaubenssätze, nach denen du lebst. Es ist deine Einstellung, mit der du an Herausforderungen und Aufgaben herangehst.

Jeder Mensch hat ein Mindset, doch die wenigsten sind sich umfassend darüber bewusst, wie sie über sich selbst und ihre Umgebung und über das Verhältnis zwischen beidem denken und warum sie so denken. Wichtig ist daher, dass du dir zunächst deiner vorhandenen Einstellungen gewahr wirst und sie genau betrachtest. Dann kannst du erkennen, wo du sie stärken und wo du sie gegebenenfalls korrigieren kannst.

Das Mindset stellt hier das Teammitglied Emotionen dar, auch wenn es sich vom Namen her (*Mind-*) auf das Denken bezieht, betrifft es den Verstand nur zum Teil.

Unsere Gefühlswelt und unser Denken sind sehr stark miteinander verwoben und stehen in ständiger Wechselwirkung zueinander. Das Mindset ist der Bereich in dir, wo du dich gedanklich mit deinen Emotionen auseinandersetzt, Gefühle wie beispielsweise Versagensängste identifizieren und einordnen und in Folge bewusst mit ihnen umgehen kannst.

Für die Thematik dieses Buches spielt das Mindset auf zwei Ebenen eine wichtige Rolle. Die erste Ebene ist die fundamentale, deine grundlegende Einstellung und Haltung. Die zweite Ebene ist die situative, also wie du dich direkt vor dem Auftritt in die mentale Verfassung bringst, die dich auf der Bühne gut performen lässt.

In Teil B dieses Buches kannst du in lesen, wie du aus dem Bewusstsein für dein Mindset auf der situativen Ebene deinen Nutzen ziehen kannst. Hier in Teil A soll es um die fundamentale Ebene gehen. Für unsere Thematik heißt das ganz speziell: um deine grundlegende gedankliche Einstellung zu

- dir selbst
- deinem Thema, also dem Inhalt deines Vortrags
- deinem Publikum, deinen Zuhörern

Diese drei Punkte stehen nicht jeweils isoliert für sich, sondern in Wechselwirkung zueinander. Wie du zu dir selbst stehst, beeinflusst deine Haltung zum Publikum; wie du zu deinem Publikum stehst und wie wichtig dir dein Thema ist, hat wiederum Einfluss darauf, ob du selbstbewusst zu diesem Thema etwas vortragen kannst. Dir darüber bewusst zu werden, welche Einstellung du zu deinem Vortrag und zu dir als Redner zum jetzigen Zeitpunkt überhaupt hast, wird dir die Basis dafür geben, dich bei deinen Vorträgen wohl und sicher zu fühlen.

Ein starkes und stabiles psychisches Fundament machen es dir viel einfacher, ein Technikgerüst zu erarbeiten, das später nicht einsturzgefährdet ist. In den nächsten drei Abschnitten wirst du erfahren, wie du dein bisheriges Mindset gezielt und genau betrachten kannst und wie du zu einer Sichtweise auf dein Publikum, auf das Thema deiner Rede und auf dich selbst gelangst, mit der deine Vorträge zu gelungenen Vorträgen werden.

Deine Einstellung zu dir selbst
Du bist, wie du bist, und das ist gut so!

Die Einstellung zu dir selbst kommt in allen Lebensbereichen zum Tragen, spielt aber natürlich eine besondere Rolle, wenn du vor anderen Personen sprechen willst. Die einfache Regel ist: Je mehr du dich magst und akzeptierst, desto größer sind deine Möglichkeiten, gut zu performen.

Sich selbst mögen ist nicht mit Selbstüberhöhung oder Egozentrik zu verwechseln. Im Gegenteil: Wenn du dich selbst magst, dich in deinen Schwächen und Stärken annimmst, wie du bist, gibt es keinen Grund mehr, andere im Vergleich als unter dir stehend einzustufen. Und genauso wenig natürlich als über dir stehend. In Folge akzeptierst du auch, dass andere, so auch die Menschen in deinem Publikum, sind, wie sie sind – vielleicht völlig anders als du, aber damit nicht höher oder niedriger im Wert. Entscheidend ist, dass du deinen Selbstwert nicht über den Vergleich mit anderen definierst, sondern als gegebene Größe annimmst.

Selbstbewusstsein ist nicht ein Sich-über-andere-Stellen, sondern ein Über-sich-selbst-bewusst-Sein.

Was sich so logisch anhört, ist in der Praxis alles andere als selbstverständlich. Die meisten von uns sind nicht voller Akzeptanz und Liebe zu sich selbst; zumindest zeitweise hat wohl ein jeder mit Selbstzweifeln und Versagensängsten zu tun, auch wenn wohl nur wenige dies nach außen hin zeigen. Sollten dich also gerade negative Gedanken dir selbst gegenüber beschäftigen, mach dir bewusst, dass du damit nicht allein bist.

Auf jeden Fall solltest du im Zusammenhang mit deinem Vortrag bewusst versuchen, wertendes Vergleichen zwischen dir und anderen zu stoppen. Es kann dir weder in der Vorbereitung noch während des Haltens deiner Rede weiterhelfen, sondern dich nur von deinem eigentlichen Ziel, nämlich eine gute Rede zu halten, ablenken. Auch wenn du vielleicht noch nicht an dem Level einer umfassenden Selbstliebe bist, dich zunächst einmal grundlegend *als gleichwertigen Menschen* zu akzeptieren, wird dir schon den wichtigen Halt geben, um in deinem Agieren vor Publikum nicht von Selbstzweifeln dominiert zu werden.

Wie aber kannst du auf lange Sicht Selbstzweifel ablegen und zu einem liebenden Selbstbild kommen? Indem du dir wertfrei ansiehst, woher deine Denkweise stammt.

Welches Bild wir von uns selbst haben, ist sehr stark von den Erfahrungen unserer Kindheit geprägt, je früher die Erfahrungen gewirkt haben, umso stärker setzt sich die Prägung in uns als „das Normale" fest. Haben wir von den Eltern oder anderen Bezugspersonen beispielsweise vermittelt bekommen, dass wir nur wertvoll sind, wenn wir top Leistungen erbringen, so wird dies zu einer Überzeugung in uns, die wir in der Regel schon bald nicht mehr hinterfragen.

Wenn die frühen Erfahrungen sich einmal im Unbewussten eingelagert haben, entfalten sie auch im Erwachsenenalter immer noch ihre Kraft auf unsere Emotionen, unser Denken und unsere Aktionen und Reaktionen. Die kindlichen Schutzprogramme gegen seelische Verletzungen führen heute zu Ängsten, vielleicht sogar Panikattacken oder Schweißausbrüchen als Reaktion auf eine vermeintliche Gefahr – zum Beispiel alleine auf einer Bühne vor Publikum zu stehen und auch noch sprechen zu müssen. Viele solcher Verhaltensmuster, Denkmodelle und Konditionierungen sind bei genauerem Ansehen aber längst überflüssig und ergeben in der heutigen Welt keinen Sinn mehr.

Es ist nie zu spät, neu zu denken!

Glücklicherweise können aber auch festsitzende frühe Prägungen im Erwachsenenalter gelockert und sogar – nach und nach – durch neue Überzeugungen ersetzt werden. Nur braucht dieser Vorgang seine Zeit und fordert Geduld von dir. Schließlich hatten die vorliegenden Überzeugungen ja auch viele Jahre Zeit, sich an ihrem Platz festzuhalten.

Das Gute ist: Der Prozess des Umdenkens setzt sich automatisch in Gang, sobald der vorgeschaltete Schritt gegangen ist: Die Bewusstheit über die eigenen Prägungen zu erlangen. Also, um zum Beispiel zurückzukommen, sich klarzumachen, dass es eben nicht das Normale oder gar ein Naturgesetz ist, bei schlechterer Leistung weniger Respekt verdient zu haben.

Um mit dem Betrachten der frühen Prägungen zu einem neuen Selbstverständnis zu kommen, ist es wichtig, dass du den Aspekt der Schuld außen vor lässt und nicht die Umstände, deine Mitmenschen, die Gesellschaft, für alles verantwortlich machst, was dich jetzt betrifft. Du hast zwar deine Geschichte, die früher von anderen beeinflusst worden sein mag, aber du bist *jetzt* in der Lage, selbst über dich zu entscheiden. Es ist dein Leben und du hast nur dieses eine in diesem Moment.

Je klarer du die Verantwortung für dein Leben bei dir und nicht bei anderen siehst, desto mehr wirst du erkennen, dass auch die Selbstbestimmtheit, es zu gestalten, in deiner Macht liegt. Niemand kann dich daran hindern, dein volles Potential auszuschöpfen. Triff daher die Entscheidung, deine Vergangenheit anzunehmen und die Verantwortung dafür zu übernehmen, wie du mit ihr in der Gegenwart umgehst.

Wenn du dich also auf eine gesunde Art und Weise mit dir beschäftigst, wirst du zu Erkenntnissen und Erfahrungen gelangen, die dir ein tieferes Verständnis deiner selbst bescheren. Gesund bedeutet, mit einer inneren Haltung der Demut und Dankbarkeit für das, was dir geschenkt wurde, aber auch für das, was du mit eigener Arbeit erreicht hast.

Ungesund ist, wenn das Pendel in die andere Richtung ausschlägt und die Bühnenbretter zum Ausleben eines Ego-Trips missbraucht werden. Je mehr du dir über dich selbst bewusst bist und dich, so wie du bist, als grundlegend wertvoll akzeptieren kannst, desto weniger wirst du es jedoch für nötig empfinden, deine Rede als Mittel zur Selbstdarstellung oder Selbstbehauptung anzusehen. Mit der Selbstakzeptanz wird auch die hemmende Angst schwinden, von anderen (negativ) beurteilt zu werden, denn mit einem aus dir selbst heraus gebildeten Selbstbewusstsein wird sie schlicht überflüssig.

Vielleicht entdeckst du bei der Betrachtung deiner Selbstzweifel und ihrer Ursachen, dass du größere Rucksäcke mit dir herumträgst, und möchtest diese mit der Hilfe eines Therapeuten angehen. Auch dann musst du mit deinem Auftritt aber nicht bis zum erfolgreichen Ende der Therapie warten, sondern kannst schon jetzt damit beginnen, dir deine früh geprägten negativen Glaubenssätze bewusst anzusehen, und dich allmählich zu einem positiven Selbstbild hinbewegen.

Sehr hilfreich hierfür ist es, zielgerichtetes Handeln zu lernen. Wenn du deine Ziele im Blick behältst und mit einer systematischen Vorgehensweise auf sie hinarbeitest, erlebst du dich als selbstbestimmt und handlungsfähig. Setze dir wenige (am besten drei, höchstens fünf) große Ziele und mehrere schneller erreichbare Zwischenziele. Das Erreichen der Zwischenziele wird dir Kraft für das Arbeiten an den großen Zielen geben.

SYSTEMATIK FÜR ZIELGERICHTETES HANDELN

• Schreibe deine Ziele auf

... vor allem auch die kleineren! Erreichtes wird oft als banal oder gar nicht wahrgenommen, gerade bei scheinbar selbstverständlichen Dingen. Schnell wird es für uns so normal, etwas zu können, dass wir vergessen, wie es war, als wir es noch lernen mussten. Heute denken wir nicht mehr nach, wenn wir Auto fahren. Was wir da tun, ist aber eine komplexe Koordinationsleistung, zu der wir fähig sind, weil wir es uns mit Mühe und Einsatz erarbeitet haben und täglich üben.

• Formuliere die Ziele immer positiv

Im Gegensatz zu

> *Ich will bei meinen Vorträgen nicht herumsstammeln.*

stellen sich bei

> *Ich will bei meinen Vorträgen flüssig sprechen.*

dein Geist und dein Körper schon direkt vor, wie dieses passiert. Die Vorstellung wirkt unmittelbar als motivierende Ressource.

• Formuliere jedes Ziel konkret und greifbar

Kannst du einmal nicht sehr konkret formulieren, dann schreibe dir unbedingt auf, woran du erkennen kannst, dass du dein Ziel erreicht hast. Zu beispielsweise dem Ziel

> *Ich will fokussierter werden.*

könntest aufschreiben:

> *Ich erkenne, dass ich fokussierter geworden bin, wenn ich bei drei Vorträgen in Folge daran gedacht habe, alle Utensilien mitzunehmen.*

• Lies schwarz auf weiß, was du erreicht hast

Nimm zwischendurch immer wieder mal deine Ziele-Liste zur Hand und überprüfe, ob dir etwas von den aufgeschriebenen Vorhaben gelungen ist. Stellst du dies fest, schreibe es auf. Beispielsweise:

> *Ich habe mein Ziel „ordentlicher Arbeitsplatz" erreicht. Das ist toll und ich kann stolz auf mich sein!*

Lies dir die Festellung nach dem Schreiben selbst laut vor und lasse sie in deinem Inneren nachklingen.

Mehrere kleine Ziele ergeben mehrere Sätze zum Stolz-auf-dich-Sein. Die Sammlung der erreichten Ziele kannst du dir immer wieder selbst vorlesen und dir bewusst machen, was du schon alles Tolles geschafft hast, das du ohne Aufschreiben vielleicht gar nicht gemerkt hättest.

Stück für Stück wirst du dich auch an deine großen Ziele heranarbeiten. Du kannst beim regelmäßigen Betrachten der Liste sehen, ob du sie gegebenenfalls korrigieren oder modifizieren willst, und eines Tages wirst du dir selbst bescheinigen können, dass du auch von deinen großen Zielen eines oder mehrere erreicht hast.

Die Belohnung für die Arbeit an dir selbst sind deinen Körper durchströmende Glückshormone und das herrliche Gefühl des Erfolgs. Du darfst das annehmen und genießen.

Für deinen bevorstehenden Vortrag gilt: Schiebe ihn nicht auf, weil du noch nicht viel Zeit hattest, dein Mindset zu festigen. Nimm die Bedingungen an, wie sie genau jetzt sind. Plane und halte deine Rede mit eben den Fähigkeiten und Schwächen, die du zum gegenwärtigen Zeitpunkt hast.

Versuche, ein mögliches Misslingen deines Vortrags nicht als Grund anzusehen, auf ihn zu verzichten, sondern als Gelegenheit zur Weiterentwicklung. Erst mit dem Überwinden von Niederlagen und der Erfahrung des Scheiterns können wir überhaupt wachsen und unsere Fähigkeiten weiterentwickeln.

> Selbst wenn ein Vortrag tatsächlich mal misslingt – nicht du als Mensch bist gescheitert! Der Vortrag ist nur eines von den vielen Dingen, die du in deinem Leben tust und noch tun wirst.

TIPPS FÜR EINE POSITIVE EINSTELLUNG ZU DIR SELBST

• Werde dir bewusst über deine Stärken und deine Schwächen
Beurteile dich, aber verurteile dich nicht. Ziehe aus den Stärken wie den Schwächen die richtigen Schlussfolgerungen und setzte diese konsequent um. Du solltest an deinen Schwächen arbeiten, aber mindestens genauso wirksam ist es, deine Stärken weiter auszubauen. Die Schwächen werden dich dann nicht aushebeln, da du in einigen Bereichen eine enorme Stärke entwickelt hast und dir deiner selbst positiv gewiss bist.

Erarbeite dir einen Expertstatus in drei bis fünf Dingen, die du wirklich gut kannst, und ziehe daraus ein gesundes Selbstbewusstsein.

• Versuche die Prozesse in Worte zu fassen
Das gibt dir die Sicherheit, dass du die Abläufe immer kontrollierst beziehungsweise durchschaust.

• Übe dich in geistiger Hygiene
Schaue dein Denken an, den Denkprozess. Meditation kann dir dabei sehr gut helfen. Erkenne negative Denkmuster. Unterdrücke nichts, schaue es einfach an, und du kannst durch das Gewahrsein die negative Energie abziehen und ins Positive transformieren.

• Übe dich in Achtsamkeit für deine Kommunikation
Achte darauf, wann deine Gedanken deine Wortwahl und deine Kommunikation beeinflussen. Ständiges negatives Denken führt zu negativen Sätzen, die zu einer negativen Kommunikation führen.

• Komme ins Handeln
Betrachte, wie du handelst und wo du hinwillst. Frage dich, ob es miteinander übereinstimmt. Korrigiere, ohne Selbstanklage, wenn nötig.

EXTRA-TIPP, UM SCHLECHTE ANGEWOHNHEITEN LEICHTER LOSZUWERDEN

Sie nur abzulegen ist schwer, denn es entsteht eine Leerstelle, in die sich die schlechten Angewohnheiten schnell wieder einnisten können.

Finde für eine ungünstige Handlung eine positive Alternative und mache dir diese zum Ritual, sodass sie den Platz der alten Angewohnheit übernimmt.

Beispiel: Ist es eine ungünstige Angewohnheit von dir, vor dem Einschlafen aufregende Fernsehsendungen anzusehen, dann lege dir ein Buch mit beruhigenden Geschichten oder Bildern zurecht, das du in den entsprechenden Momenten gezielt zur Hand nimmst, statt den Fernseher einzuschalten, oder stelle dir jeden Abend eine Tasse Melissentee auf den Nachttisch, von dem du vor dem Hinlegen ein paar Schlucke trinkst.

Deine Einstellung zum Thema deines Vortrags
Verstehe dich als Botschafter für dein Thema!

Entscheidend dafür, ob du mit deinem Vortrag gut ankommen wirst, ist, dass du dir immer bewusst darüber bist, worum es geht: Du vermittelst einem Publikum ein Thema, weil dieses Thema wichtig ist. Das Ziel ist, dass du in dem Moment, wo du die Bühne betrittst, dich als Botschafter für das Thema des Vortrags verstehst. Dein Gedanke in diesem Moment sollte sein:

Ich habe jetzt die Aufgabe, den Menschen, die gekommen sind, dieses Thema nahzubringen, und darauf freue ich mich!

Sehr schnell können sich in der Vorbereitungsphase aber die Gedanken von dieser Wichtigkeit des Themas wegbewegen, weil sich ganz andere Gedanken breitmachen. Nämlich meistens solche, die sich um die eigene Person drehen und um Ängste vor der Bühnensituation. Wie kannst du dem entgegentreten?

In der Psychologie und in der Lernforschung gibt es den Begriff der intrinsischen Motivation. Er bezeichnet das Phänomen, dass Menschen sich in der Regel mit mehr Freude und besseren Ergebnissen mit einer Aufgabe beschäftigen, wenn sie sich von innen heraus dafür interessieren, als wenn der Anreiz von außen kommt, etwa in Form einer winkenden Belohnung oder des Ausbleibens von Kritik.

Der Idealfall ist natürlich, dass du zu deinem Vortrag ausschließlich intrinsisch motiviert bist und über ein Thema sprichst, für das du dich persönlich interessierst. Die Freude darüber, viel über dein Thema zu wissen und dieses Wissen deinem Publikum zu vermitteln, wird dann ganz automatisch deine Aufmerksamkeit mehr auf dein Thema ziehen als auf deine Person. Vielleicht kommst du bei der Vorbereitung deiner

Rede sogar vor lauter Interesse und Spaß am Thema in einen Flow und vergisst völlig, über dich selbst und ein mögliches Versagen auf der Bühne nachzudenken.

Aber auch wenn dein Vortrag eine Aufgabe sein sollte, die von außen an dich herangetragen wurde, und du für das Thema nicht wirklich brennst, kannst du das Wissen über die Power der intrinsischen Motivation für dich nutzen.

Zunächst einmal zeigt es dir nämlich, dass Selbstzweifel keine über dir stehende Instanz sind, die jederzeit die Macht über dich ausüben können. Denn sicher erinnerst du dich an Situationen in deinem Leben, in denen dir etwas von innen heraus so wichtig war, dass du gar keinen Gedanken an irgendetwas anderes, wie zum Beispiel Selbstzweifel, hattest. In diesen Situationen hat dein Interesse für ein bestimmtes Thema so viel Raum in dir eingenommen, dass Selbstzweifel sich einfach gar nicht erst zu Wort meldeten.

Konkret nun für deinen bevorstehenden Auftritt kannst du für dich die Frage klären, inwieweit du zu deinem Vortrag durch äußere Faktoren motiviert bist und inwieweit von innen heraus. Nimm das Verhältnis innere – äußere Motivation erst einmal wertfrei wahr.

Im nächsten Schritt kannst du deine Schlüsse für dein weiteres Vorgehen ziehen. Ist deine eigene Motivation groß, wird dich dies automatisch zu einer besseren Konzentration auf die Sache bringen.

Falls du hingegen bei dir wenig eigenes Interesse an dem Thema deines Vortrags feststellst oder daran, überhaupt einen Vortrag zu halten, weißt du, dass du in der Vorbereitungsphase wahrscheinlich anfälliger bist, dich von negativen Gedanken ablenken zu lassen. Dafür bist du nun achtsam und kannst dir für Momente, wo Versagensängste oder Ähnliches auftauchen, ein positives Denkmuster vorbereiten. Zum Beispiel:

Die Situation ist jetzt, dass ich diesen Vortrag zu diesem Thema halten werde, und auch wenn das nicht mein größter Traum ist, will ich, dass es ein guter Vortrag wird, und setze dafür meine Stärken ein.

Das Denkmuster hilft dir, dich dem Lauf deiner Gedanken nicht machtlos ausgeliefert zu fühlen, denn mit dem selbst formulierten Satz bist du es, der sie bestimmt und lenkt. Wenn du so die Selbstzweifel immer wieder abfängst, bevor sie dich einnehmen können, erlebst du, dass du die Kontrolle darüber behalten kannst, wohin sich deine Aufmerksamkeit – und damit deine Energie – wendet.

Um in diesem Sinne das Denken bewusst zu steuern, sind auch Visualisierungstechniken hilfreich. Ein Beispiel dafür findest du im folgenden Kasten.

VISUALISIERUNGSTECHNIK ZUM LENKEN DER AUFMERKSAMKEIT

Lege alles Negative, vom Thema deines Vortrags Ablenkende in eine imaginäre Kiste und stelle diese bis auf Weiteres zur Seite.

So verbietest du dir diese Gedanken nicht einfach nur (sie würden sich sonst sowieso immer wieder durchsetzen), sondern du gibst ihnen einen Platz. Du weißt, dass du zu einem späteren Zeitpunkt auf die Kiste mit den weggepackten Gedanken und Emotionen zurückkommen und dich ihnen widmen kannst. Jetzt aber sind sie gut verstaut und du bist frei, dich ganz deinem Thema zu widmen.

Es kann sein, dass dies nicht gleich reibungslos gelingt, denn Emotionen wie Ängste und Zweifel können eine Sogwirkung haben und immer wieder die Energie an sich ziehen. Wichtig ist dann, dich selbst dafür nicht zu kritisieren. Du bist jetzt ja aufmerksam und merkst es, wenn du in negative Gedanken driftest, und kannst dann immer wieder gegensteuern.

Deine Einstellung zum Publikum
Liebe dein Publikum!

Wie wir gerade gesehen haben, verdient es dein Thema, bestmöglich von dir präsentiert zu werden. Dies kannst du nur dann engagiert verfolgen, wenn dir die Empfängerseite, also deine Zuhörer, auch wichtig sind.

Nun ist das Publikum für dich nicht ein ebenso sicheres Terrain wie dein Thema; mit diesem kannst du dich im Vorfeld eingehend beschäftigen, dich gut darin auskennen, das kannst du in Bezug auf dein Publikum natürlich in der Regel so nicht. Was du aber zunächst tun kannst, ist, dir ein Bewusstsein darüber zu verschaffen, wie das, was du machst, bei Menschen *generell* ankommt.

Es kann eine Diskrepanz geben zwischen dem eigenen Empfinden und dem, wie es für andere wirkt. Noch bevor du überhaupt ein Wort sprichst, transportiert deine innere Haltung bereits Kommunikation, und die kann schieflaufen. Als soziale Wesen spiegeln wir ständig das, was wir sehen. Bist du unsicher, dann kann das auf das Publikum ausstrahlen und zu Fehlschlüssen führen, zum Beispiel dass deine Zuhörer sich von dir nicht angenommen fühlen.

Du kannst auf der funktionalen Ebene, zum Beispiel an deiner Körpersprache, arbeiten. In diesem Buch findest du ausführliche Erklärungen und Übungen dazu. Noch mehr am Kern arbeitest du, wenn du dich deiner inneren Haltung widmest, denn dann kannst du in ein gutes Selbstempfinden kommen, das dich mit deinem Körper ganz natürlich agieren lässt.

Wichtig ist, dass du in Bezug auf deine Zuhörer überhaupt eine innere Haltung hast und dir diese bewusst ist. Die Menschen werden es nämlich nicht nur spüren, wenn der Mensch auf der Bühne ihnen gegenüber ablehnend eingestellt ist, sondern auch, wenn sie ihm gleichgültig sind. Auch wenn deine Sicht auf deine Zuhörer von Angst vor ihrem Urteil geprägt ist, wird sich ihnen dies vermitteln, da du aus Selbstschutz unwillkürlich mit deinem Körper und deiner Stimme Abgrenzung ausstrahlen wirst. Wenn sich deine innere Aufmerksamkeit zu sehr auf dich selbst verlagert und das gedankliche Szenario, du wirst vor den Leuten stehen und sie finden es ganz schlecht, was du da machst, die Führung übernimmt, dann lähmt es deine Kreativität und nimmt dir die Vorfreude auf deinen Auftritt. Eine Negativspirale setzt sich in Gang, denn umso weniger frisch und überzeugend wirst du eine ohne Vorfreude vorbereitete Rede vortragen können.

Falls du feststellst, dass die Angst vor negativer Bewertung in dir stark ist, mache dir bewusst: Diese Angst fußt auf der Annahme, dass das Publikum dich *überhaupt* bewertet – aber ist das wirklich so?

Schau dir einmal genau an, wie du in deinem Inneren dein Publikum siehst:

- Hast du es als einzelne Personen mit individuellen Vorlieben und Abneigungen vor Augen? Oder siehst du es als bedrohliche Masse von Leuten, die dich von vorneherein auf den Prüfstand setzen?
- Betrachtest du deine Zuhörer als dir überlegen und in der Thematik deines Vortrags bewanderter, als du es bist? Oder empfindest du sie als gleichwertige Menschen, die genau wie du einfach Interesse am Thema haben?
- Stelle dir vor, du wärst einer der Menschen in deinem Publikum. Würdest du schon mit dem Ziel zu dem Vortrag gehen, einen schlechten Redner zu erleben und, vielleicht noch im Zusammenschluss mit den anderen im Publikum, möglichst viel Schlechtes zu finden, was dies belegt? Oder würdest du dir anhören wollen, was der Mensch auf der Bühne dir zu dem Thema darbietet, das dich interessiert?

An dieser Stelle kannst du vielleicht schon erkennen, ob deine bisherige Angst, vom Publikum abgelehnt zu werden, sich wirklich auf ein reales Publikum bezieht oder in dir selbst gewachsen ist.

In den allermeisten Fällen, ob du nun vor (Fach-)Kollegen oder einem dir nicht persönlich bekannten Publikum sprichst, wird die tatsächliche Situation die sein: Die Menschen sind in erster Linie gekommen, weil sie sich für die Inhalte deines Vortrags interessieren und nicht dafür, dich als Person (negativ) zu bewerten. Mach dir bewusst, dass das Publikum nicht gegen dich ist. Es will dich erfolgreich sehen, sonst sind Eintrittsgeld und Zeit verschwendet. Die Menschen im Saal teilen also mit dir dasselbe Interesse! Mit dem Ziel, einen tollen Vortrag zu erleben – du als derjenige, der ihn präsentiert, das Publikum als diejenigen, die zuhören und zusehen – zieht das Publikum mit dir am selben Strang und du kannst somit von dem Gedanken ausgehen, dass diese Menschen deine Verbündeten sind.

DAS GEFÜHL, AUF DEM PRÜFSTAND ZU STEHEN

Natürlich gibt es auch den speziellen Fall, dass du tatsächlich vor absoluten Experten deines Faches sprichst oder Kollegen von etwas überzeugen willst, die dir bislang nicht zugetan sind. In diesem Fall kann schnell das Gefühl aufkommen, auf dem Prüfstand zu stehen, und all die Ängste, die mit diesem Gefühl verbunden sind, können sich entfalten.

Wenn du feststellst, dass du dich tatsächlich wie ein Prüfling und nicht wie ein autarker Redner fühlst, ist es besonders wichtig, dein Mindset bezüglich dir selbst und deinem Thema zu stärken.

Je fester du in diesen beiden Punkten bist, je bewusster du dir deiner selbst und des Werts deiner Idee bist, desto weniger wird es eine Rolle spielen, wie deine Zuhörer zu dir persönlich stehen.

Das Gefühl, dass dein Vortrag ein Kampf *ich gegen sie* wäre, kannst du dann mehr und mehr ablegen.

It's not about my presentation, it's all about conversation.

Du sprichst zwar zu einem hörenden Publikum, aber innerlich schweigen deine Zuhörer nicht. Sie sind in einem ständigen Kommunikationsprozess mit dir. Der Zuhörer möchte im inneren Dialog mit dem Sprecher bleiben. Deshalb ist deine Wertschätzung für das Publikum und diese auch an passender Stelle auszusprechen, ein sehr gutes Mittel des Kommunikationsaufbaus.

Wenn du dies bei der Vorbereitung deines Vortrags im Blick behältst, wirst du eine Rede ausarbeiten, die es schafft, in eine Konversation mit dem Publikum zu treten und dabei nicht dich und eine trockene Präsentation in den Vordergrund zu stellen.

Persönlichkeitstypen im Publikum

Deine Zuhörer werden das, was du zu und mit ihnen sprichst, auch immer so aufnehmen, wie es ihrem Typ entspricht. Dein Ziel ist, die Menschen im übertragenen Sinne da abzuholen, wo sie stehen, und auf eine Weise, dass sie mit dir gehen.

In einer guten Rede wirst du jeden ansprechen und in Resonanz mit ihm gehen. Nicht gleichzeitig, aber du wirst für jeden (grob gefassten) Persönlichkeitstypus etwas in deine Rede einbauen, mit dem du jeweils bei ihm andockst. Menschen, bei denen Kreativität und Phantasie sehr ausgeprägt sind, wirst du mit einem Gedankenspiel oder einem bildhaften Vergleich gut erreichen können, eher pragmatisch eingestellte Menschen mit praxisorientierten Ansätzen. Mit Scherzen und Ironie wirst du den humorbetonten Typus abholen, Fakten und Zahlen sind wichtig, um den eher rationalen Typus zu überzeugen.

Um Persönlichkeitstypen abzubilden, gibt es verschiedene Modelle. Typen-Modelle sind natürlich immer Vereinfachungen und können niemals die Vielfalt aller individuellen Charaktere wiedergeben. Aber sie können dir helfen, eine Gruppe dir unbekannter Menschen geistig als Zusammensetzung einzelner Personen statt als anonyme Masse wahrzunehmen, die du als bedrohlich empfinden könntest. Du kennst zwar die einzelnen Personen im Saal nicht, kannst mit einem Typen-Modell im Kopf dich aber auf das Bewusstsein stützen, dass dort eine Bandbreite von Zuhörern vertreten ist, die deinen Vortrag – jeder auf seine Weise – aufnimmt. Mit solchen Einteilungen von Persönlichkeitstypen wird keine Bewertung der Menschen vorgenommen, jeder dieser Typen ist zum Funktionieren einer Gesellschaft notwendig.

Einige Modelle verwenden Farben zur Klassifizierung, andere Tiere. Das Modell, das dir im Folgenden vorgestellt wird, orientiert sich an Tieren, da diese anschaulicher sind. Es unterteilt die Menschen in die **Persönlichkeitstypen Wal, Hai, Eule und Delphin.**

Der Wal

gehört zur introvertierten Gruppe. Er ist sensibel, sozial und gesellschaftlich engagiert, ist ein Gruppenmensch und liebt Geselligkeit. Er ist eher konventionell, trägt häufig weitgeschnittene Kleidung. Zu finden ist er in sozialen Berufen, denn er verfügt über Einfühlungsvermögen und Hilfsbereitschaft, sucht nach Harmonie und Ausgleich für alle.

Die Frage des Wals lautet:
Was hat der andere Mensch davon, dass es mich gibt?

Der Hai

gehört zur extrovertierten Gruppe. Er ist das genaue Gegenteil vom Wal. Er ist ein Einzelgänger. Statussymbole und Anerkennung sind ihm wichtig. Sein Verhalten ist dominant und er strebt nach Macht und Erfolg. Zu finden ist er häufig unter den Unternehmern.

Die Frage des Hais lautet:
Was habe ich davon, dass es den anderen gibt?

Die Eule

gehört zur introvertierten Gruppe. Es ist der Mensch, für den Zahlen, Daten und Fakten wichtig sind, der gut organisieren kann und effizientes Arbeiten liebt. Das Denken der Eule ist logisch und strukturiert, sie arbeitet gerne Papiere aus. Ein sicherheitsorientierter Mensch, der Klarheit, Genauigkeit und Transparenz wünscht. Auch die Eule sehnt sich nach Anerkennung für ihre Arbeit.

Die Frage der Eule lautet:
Was kann ich dafür tun, dass es Ordnung und Klarheit für alle gibt?

Der Delphin

gehört zur extrovertierten Gruppe. Ein eher bunter und impulsiver Menschentyp. Offen für Abenteuer, Spiel, Spaß und Unterhaltung, liebt er die stetige Abwechslung. Das Leben feiern ist sein Motto, mit starken Hochs und tiefen Tiefs. Er vergisst gerne die von der Eule ausgearbeiteten Papiere im Sitzungssaal, kann aber mit seiner Kreativität und innovativem Denken oftmals den Schlüssel für Probleme liefern, bei denen die reine Ratio nicht weiterkommt.

Die Frage des Delphins lautet:
Was ermöglicht uns wunderbare emotionale und lebendige Momente?

PERSÖNLICHKEITSTYPEN-MODELL BEI DER PLANUNG NUTZEN

Überlege dir **zu jedem beschriebenen Typ eine konkrete Person, die du persönlich kennst**. Vielleicht „ist" deine beste Freundin ein Delphin oder dein Nachbar ein Hai; je treffender die Typenbeschreibungen deine vier Bekannten jeweils abbilden, desto besser.

Nun **setze diese Personen gedanklich in dein Publikum** und behalte beim Schreiben deiner Redevorlage (mehr dazu im nächsten Kapitel) immer im Blick, dass diese vier konkreten Bekannten von dir imaginär unter deinen Zuhörern sind.

Mit den realen Menschen im Kopf wird es dir leichter fallen, deinen Vortrag so aufzubauen, dass er für jeden Typus etwas enthält.

Du kannst dann Teile einbauen, die das Gemeinschaftsgefühl und die Empathie „deiner" Wal-Person zum Schwingen bringen, und solche, die „deiner" Hai-Person vermitteln, einen großen persönlichen Nutzen aus dem Hören deines Vortrags ziehen zu können. Du kannst für Elemente sorgen, die bei der Delphin-Person Spannung und Lachen auslösen, und kannst sicherstellen, dass die Eulen-Person an der Logik und der Pragmatik deines Vortrags keine Zweifel hat.

Dein fertiges Manuskript kannst du schließlich gezielt daraufhin überprüfen, dass **jede/r deiner vier Bekannten sich** innerhalb deiner Rede mehrmals zum Nachdenken angeregt, unterhalten, informiert ... – generell gesagt: **angesprochen und abgeholt fühlen kann.**

2.3.2   Teammitglied Verstand: das schriftliche Konzept

In diesem Abschnitt geht es um den Aufbau und die sprachliche Gestaltung deiner Rede. Das Manuskript ist der Grundstein deines Vortrags. Es trägt inhaltlich die Botschaft, mit der du dein Publikum erreichen willst, und ist gleichzeitig ein Instrument für dich, während der Präsentation sicher zu sprechen.

Indem du das Manuskript vorausschauend strukturierst, sicherst du ab, dass du mit deiner individuellen Art und mit deiner Botschaft dein Publikum bestmöglich erreichst.

Zunächst kommt vor dem Verfassen der Rede die Recherche über die Gegebenheiten rund um deine Rede. Bestimme zuerst die Grundsituation: In welchem Kontext steht dein Vortrag? Dazu gehört auch die Klärung deines Ziels und deiner Absicht. In wessen Auftrag hältst du die Rede? Und wer sind die Empfänger? Wie lang soll die Rede werden?

Grundsätzlich solltest du eine Länge von vierzig Minuten nicht überschreiten, ideal sind zwanzig bis dreißig Minuten.

Nun geht es an das Verfassen deiner Textvorlage. Was kannst du beim Aufbau und der Sprache für den Erfolg deiner Rede tun?

Grundsätzliches zur Konzeption

Zunächst einige grundsätzliche Punkte, die du beim Verfassen deiner Redevorlage beachten solltest.

Die Kernbotschaft bestimmen

Finde einen guten Titel für deinen Vortrag und formuliere für dich die Kernbotschaft in einem Satz. Was ist die Idee? Dadurch wirst du selber gezwungen, deine Aussagen und Thesen auf den einen Punkt zu bringen, um den sich letztlich alles dreht. Wenn du dich während der Ausarbeitung deines Vortrages verzettelst, bringt dich diese Kernbotschaft wieder auf Kurs.

Emotionen ansprechen

In der linken Hälfte unseres Gehirns findet das logische und analytische Denken statt. Die Sprache, das Tagesbewusstsein, der Detailblick und das sukzessive Abarbeiten, all diese Prozesse finden sich hier. In der rechten Gehirnhälfte finden sich unter anderem die Phantasie und das Bildhafte, das Unbewusste, die Ganzheitsschau und das simultane Handeln.

Auch wenn in unserer Kultur die linke Gehirnhälfte generell stärker gefordert wird, sind wir emotionale Wesen, ob wir wollen oder nicht. Das Unbewusste macht den weitaus größten Teil unseres Handelns und Fühlens aus. Die Sprache des Unbewussten ist das Bildhafte. Verwende daher Methapern und Symbole. Sie sind schnell und ganzheitlich verständlich und viel eingängiger als eine abstrakte Herleitung.

Positive Stimmung vermitteln

Dass deine Rede in jedem Fall nicht nur die Ratio, sondern auch sehr die Emotionen deiner Zuhörer ansprechen wird, gibt dir die Gelegenheit zu steuern, *welche* Emotionen dies sein sollen.

Es ist sicher gut, das Publikum mit der einen oder anderen provokanten Aussage aus der Komfortzone zu locken. Schließlich ist es nicht dein Ziel, die Menschen einzulullen. Damit sich dein Publikum mit einem unbequemen Gedanken auseinandersetzen kann, ist es jedoch wichtig, dass es sich in der gegebenen Situation insgesamt wohl und sicher fühlt. Die Grundstimmung während deiner Rede sollte daher immer eine positive und angenehme bleiben. Achte also darauf, deine Sätze positiv zu formulieren; motiviere, ermutige, überzeuge und unterhalte.

Komme nach herausfordernden oder provokanten Aussagen immer wieder zu etwas Versöhnlichem, Zuversichtlichem zurück.

Besonders wichtig ist die positive Stimmung für das Ende deiner Rede. Die Menschen sollen nicht in Erinnerung behalten, dass sie nach deinem Auftritt mit schlechten Gefühlen nach Hause gegangen sind.

Wortwahl und Formulierungen

Denke daran, dass es einen Unterschied gibt zwischen Schriftsprache und der gesprochenen Sprache. Bei deinem Vortrag wirst du deinen Zuhörern nicht etwas vorlesen, sondern zu ihnen und auch mit ihnen sprechen. Deshalb empfiehlt es sich, die schriftliche Vorlage von vornherein nicht komplett druckreif auszuformulieren, keine Verschachtelungen zu verwenden und lieber etwas knapper zu formulieren, als blumig auszuufern.

Ein bis zwei Sätze, bei denen es dir auf die ganz konkrete Wortwahl und Formulierung ankommt, eventuell die Kernaussage deines Vortrags, solltest du ausformulieren und bei deiner Rede wörtlich vortragen. Diese Formulierungen sollten aus einfachen Hauptsätzen und sofort nachvollziehbaren Aussagen bestehen. Für weiterführende Erklärungen oder Überleitungspassagen genügt es, in deiner Vorlage Stichpunkte zu notieren, die du dann beim Vortrag situativ ausformulierst.

Formuliere klar und einfach.

Wer ein Buch liest, kann zurückblättern, nicht aber der Zuhörer. Bei ihm hast du nur diesen einen Moment, um verstanden zu werden. Achte deshalb darauf, wo immer möglich statt Fremdwörtern die deutschen Begriffe zu verwenden.

Sicher gibt es branchenspezifisches Vokabular und dort, wo es sinnvoll ist, kann es auch verwendet werden. Es sollte jedoch nicht der Eindruck bei deinen Zuhörern aufkommen, dass es dir um die Zurschaustellung deines Wissens ginge.

Benutze verständliche Begriffe.

Bei deinem Vortrag wirst du dich zwar entlang deinem Manuskript bewegen, aber doch im Wesentlichen frei sprechen. In der gesprochenen Sprache ist es nahezu unvermeidlich, das eine oder andere Füllwort zu gebrauchen (was mit viel Übung jedoch durchaus optimierbar ist). Daher sollten solche Füllwörter nicht schon in der schriftlichen Vorlage verbreitet sein.

Achte besonders auf die Verwendung von einschränkenden oder abmildernden Wörtern wie *sozusagen, eigentlich, eventuell*. Prüfe, ob du unterschwellig das Bedürfnis hast, die betreffende Aussage zu relativieren, und ob du hinter dieser Aussage wirklich stehen kannst oder nicht. Finde im zweiten Fall eine Formulierung, die du voll und ganz vertreten kannst. Wo ein Wort wie die gerade genannten von seiner

Streiche überflüssige Füllwörter.

inhaltlichen Bedeutung her angebracht ist, kannst du es selbstverständlich verwenden.

Beispiel:

a) *Ich habe immer gern am Schreibtisch gearbeitet. Dann habe ich erkannt, dass Menschen zu coachen meine eigentliche Leidenschaft ist.*

Hier hat *eigentlich* die Bedeutung von *tatsächlich* und fungiert als verstärkendes Attribut zu *meine Leidenschaft.*

b) *Menschen zu coachen ist eigentlich meine Leidenschaft.*

Hier klingt *eigentlich* wie eine Relativierung, es ist ein überflüssiges Wort, das du streichen kannst.

Sei aufmerksam für das Wort *aber*.

Das Wort *aber* kann der Kommunikation schnell eine negative Richtung geben. Es enthält eine Bewertung und lässt dem nachfolgenden Teil mehr Gewicht zukommen. Alles, was vor dem *aber* gesagt wurde, ist abgeschwächt und beim Zuhörer bleibt oft nur die Aussage präsent, die danach kommt.

Es gibt mehrere Möglichkeiten, mit dem Wort *aber* anders als gewohnt umzugehen:

- Wenn du es benutzt, achte auf die Reihenfolge und die jeweilige Wirkung.
  Beispiel: *Das Konzept ist gut, aber wir sind die falschen Adressaten.*
  Der Wert des Konzeptes wird vergessen, denn hängen bleibt beim Zuhörer: Wir sind die Falschen dafür. Umgedreht klingt es wesentlich besser und anerkennender und jeder fragt sich, wer denn der richtige Ansprechpartner sein könnte:
  Wir sind die falschen Adressaten, aber das Konzept ist gut.

- Du kannst *aber* ersetzen durch *und gleichzeitig* oder auch nur *gleichzeitig*. Damit drückst du aus, dass beide Aussagen wahr sind, und so verprellst du keinen.
  Beispiel: *Das Konzept ist gut, (und) gleichzeitig sind wir die falschen Adressaten.*
  Auch möglich ist, das *aber* nur durch *und* zu ersetzen:
  Das Konzept ist gut und wir sind die falschen Adressaten.
  Klingt ungewohnt, aber richtig vorgetragen, wird es funktionieren.

- In manchen Fällen funktioniert es auch, *aber* ersatzlos zu streichen.
  Beispiel: *Zuerst mochte ich meine ruhige Art nicht, aber dann sah ich, dass sie eine Ressource ist.*
  Ohne *aber* klingt diese Aussage noch eindrücklicher und betont sogar noch die Wendung zu der anderen Sichtweise:
  Zuerst mochte ich meine ruhige Art nicht. Dann sah ich, dass sie eine Ressource ist.

Kill your darling

Nahezu jeder Text verträgt eine Kürzung. Auch wenn alles schön formuliert ist, passiert es schnell, dass Passagen zu komplex werden, Aussagen sich wiederholen oder am Thema vorbeigehen.

Auch deine Rede wird sicherlich nicht beim ersten Verfassen aus einem Guss und frei von Überflüssigem sein. Lass nach der Fertigstellung der ersten Fassung ein wenig Zeit verstreichen und dann beginne, die Rede zu überarbeiten und zu verfeinern – kill your darling, wie diese notwendige Nacharbeit im Englischen genannt wird.

Storytelling verwenden

Das Storytelling ist für jede Art von Rede ein überaus wertvolles Instrument, es in deiner Rede zu verwenden, hat viele Vorteile.

Der wichtigste ist, dass du mit Storytelling sofort eine Verbindung zwischen dir und dem Publikum herstellst. Indem du etwas Persönliches erzählst, wirst du für die Zuhörer nahbar, sie können sich mit dir identifizieren. Dies passiert besonders dann, wenn deine Geschichte nicht von dir als strahlendem Helden handelt. Offen von einem Missgeschick oder eine Niederlage zu erzählen, schafft Vertrauen, denn du lässt die Menschen an einem Moment der Schwäche teilhaben.

Storytelling verbindet dich mit dem Publikum.

Lenkst du die Geschichte zu einem guten Ausgang und erzählst, wie du es geschafft hast, mit dem Missgeschick umzugehen, kannst du das Verbundenheitsgefühl noch stärken. Die Zuhörer erleben quasi mit, wie eine Niederlage überwunden wurde, und erkennen, dass sie sich das in einer ähnlichen Lage auch zutrauen können.

Ein weiterer Vorteil des Storytellings ist, dass dein Vortrag wahrscheinlich besser und länger in Erinnerung bleiben wird.

Inhalte bleiben besser im Gedächtnis.

Informationen, Daten, Wissen oder Botschaften, die in eine persönliche und interessante Geschichte eingebettet sind, können viel leichter aufgenommen und erinnert werden als bei einer rein sachlichen Darstellung. Dies hat damit zu tun, dass eine Geschichte automatisch Bilder im Kopf entstehen lässt, und zwar bei jedem Menschen dessen ganz eigene. Ein im Gehirn erzeugtes Bild prägt sich wesentlich stärker und nachhaltiger ein als eine sachliche Aussage.

Storytelling erleichtert es dir, deine Botschaft zu transportieren, denn sie vermittelt sich durch eine Geschichte ganz von selbst. Du musst nichts explizit erklären oder theoretisch herleiten, denn was du dem Publikum sagen willst, wird durch die Geschichte deutlich.

Storytelling vermittelt deine Botschaft ohne Erklärungsbedarf.

Diesen Vorteil solltest du besonders im Kopf haben, wenn du dazu neigst, in einen belehrenden Modus zu verfallen. Eine Geschichte drückt dem Zuhörer deine Botschaft nicht auf, sondern trägt sie als Angebot an ihn heran. Ob und wie er sie für sich annimmt, kann er selbst freiwillig entscheiden.

Mit Storytelling be-
hältst du den Faden.

Das Storytelling hat auch einen ganz praktischen Vorteil für dich in der Redesituation: Du kannst deine Geschichte ohne Erinnerungshilfe vortragen, denn schließlich kennst du ihren Verlauf ganz genau. Beim Erzählen erlebst du sie im Geiste noch einmal, dadurch kommst du unwillkürlich in eine natürliche und authentische Körpersprache, die ganz im Bezug zu dem steht, was du gerade sprichst. Dieser Vorteil kann sich natürlich nur entfalten, wenn du eine Geschichte erzählst, die du tatsächlich selbst erlebt hast.

Welche Regeln solltest du beim Storytelling beachten?

Am besten ist eine
Story, die du selbst
erlebt hast.

Die Geschichte ist zwar eine Geschichte, sollte jedoch nicht eine frei erfundene Begebenheit sein und dann dem Publikum als wahr verkauft werden. Das Erzählte in deinem Storytelling muss auf Fakten basieren, denn das Publikum muss dir vertrauen können. Am allerbesten ist, wenn du das, wovon du erzählst, selbst erlebt hast.

Wenn es vom Bezug her passt, kannst du auch eine Sage, Legende oder Ähnliches als Geschichte im Storytelling verwenden. Wenn es keine allgemein bekannte Sage ist, die du wiedergibst, solltest du aber – Stichwort: Glaubwürdigkeit – kenntlich machen, dass das Erzählte nicht von dir stammt.

Für die Story gilt in jedem Fall, dass sie einen Spannungsbogen hat: einen kurzen Anfang, einen längeren Mittelteil und ein kurzes Ende. Der Spannungsbogen erreicht seinen Höhepunkt kurz vor dem Ende. Der Höhepunkt, das ist die Lösung, die Botschaft, die du deinen Zuschauern mitgeben möchtest.

Wenn du Storytelling in deiner Rede verwenden möchtest, solltest du dir zunächst überlegen, welche Botschaft du vermitteln willst und inwiefern diese Botschaft mit dem Thema deines Vortrags zu tun hat.

Storytelling als Ein-
zelelement

Wenn die Message, die du mit der Geschichte vermitteln willst, nur eine untergeordnete Aussage innerhalb deiner Rede ist, zum Beispiel eines von mehreren Argumenten, sollte den Raum, den die Story einnimmt, dem Gewicht entsprechen, das die Aussage innerhalb des ganzen Vortrags hat. Für diese Fälle solltest du eine Geschichte auswählen, die die Botschaft so prägnant vermittelt, dass sie innerhalb von eineinhalb Minuten erzählbar ist.

Storytelling für die
Kernbotschaft deiner
Rede

Soll die Story die Kernbotschaft deiner Rede repräsentieren, ist es sinnvoll, das Storytelling als Rahmen für den Vortrag insgesamt zu verwenden. Du kannst die Geschichte dann direkt am Anfang erzählen, die Botschaft herausgreifen und im Weiteren sachbezogen über diese sprechen, um zum Schluss deines Vortrags noch einmal auf die Geschichte zurückzukommen und sie als Beleg für deine Sachargumente wirken zu lassen.

Eine zweite Möglichkeit ist, den Vortrag mit der Story zu starten, sie aber noch nicht gleich zu Ende zu erzählen. Diese Technik bietet dir die Gelegenheit, die folgenden sachbezogenen Ausführungen als Lösung der Problemstellung zu präsentieren, die sich in deiner Story aufgetan hat. Den Schluss des Vortrags bildet dann die Erzählung davon, wie du die Lösung in dem Erlebnis deiner Story angewendet hast und damit alles zu einem guten Ausgang bringen konntest.

TIPPS FÜR DEN EINBAU VON STORYTELLING

• Storytelling als Opener
Wenn du statt mit abgekauten Begrüßungsfloskeln deinen Vortrag mit Storytelling startest, holst du dir sofort die Aufmerksamkeit des Publikums und stellst eine Verbindung zu ihm her.

• Setze die Storys sparsam ein
Bringst du zu viele Geschichten in deinen Vortrag ein, nehmen sie sich gegenseitig die Wirkung. Zudem kann es vom Publikum so wahrgenommen werden, als ob hier mit vielen Erzählungen eine mangelnde Sachkompetenz überspielt werden soll. Setze das Storytelling lieber nur einmal, aber dafür effektiv in deinem Vortrag ein. Beherzige dies vor allem, wenn die Story die Kernaussage deines Vortrags repräsentiert.

• Die Geschichte vorher testen
Ob die Botschaft, die du übermitteln willst, aus deiner Story auch wirklich klar hervorgeht, kannst du erst wissen, wenn du es testest. Erzähle die Geschichte, bevor du sie bei deinem Vortrag einsetzt, einem Freund oder Verwandten und lasse dir ein Feedback geben, was beim Gegenüber ankam.

Dramaturgie- und Argumentationsaufbau

Deiner Rede Struktur zu geben, ist essentiell. Wenn du deinen Zuhörern deine Gedanken in einer wohl überlegten Anordnung präsentierst, bringst du sie dazu, genau dieser Gedankenführung zu folgen; du hast damit schon im Vorfeld den Rahmen dafür geschaffen, dass du lenkst und leitest, wohin die Reise geht.

Mit einem logisch gegliederten Aufbau sicherst du zudem auch dir selbst, stets die Orientierung zu behalten. Schweifst du an einer Stelle beispielsweise ein wenig ab, weil die Situation während deines Vortrags es spontan erfordert, kannst du mühelos wieder zu deinem roten Faden zurückkehren, da du weißt, an welcher Stelle innerhalb deines Aufbaus du dich gerade befindest. Du kannst dir bildlich gesprochen also kleine Abstecher vom Hauptweg erlauben, weil du jederzeit wieder an der richtigen Stelle zu ihm zurückkommen kannst.

Schaffe dir optische Orientierung im Manuskript.

Damit sich während deines Vortrags die Vorteile eines strukturierten Aufbaus auch voll entfalten können, ist es sehr hilfreich, die verschiedenen Schritte deines Rede-Weges im Manuskript optisch unterschiedlich zu gestalten.

Stellst du beispielsweise eine These auf und möchtest anhand von vier Argumenten das Publikum von ihr überzeugen, kannst du bei jedem der vier Argumente und deren Ausführungen jeweils eine andere Schriftfarbe verwenden oder sie auf vier unterschiedlich farbige Karteikarten schreiben.

Eine andere Möglichkeit ist, auf jedem Blatt deines Manuskripts am oberen Rand zu vermerken, an welcher Passage sich die Ausführungen gerade befinden. Mit Seitenzahlen schaffst du eine grundsätzliche Orientierung.

Du wirst sicher die individuelle Gestaltungsvariante herausfinden, die deinen persönlichen Vorlieben entspricht und dir am besten die Orientierung bietet, die du während deines Vortrags haben möchtest.

Grundsätzlich sollte dein Vortrag in die klassische Dreiteilung Einstieg – Hauptteil – Schluss eingebettet sein. Für die ganz konkrete Ausgestaltung dieser drei Teile und für die Gedankenfolge im Hauptteil stehen dann mehrere verschiedene Möglichkeiten zur Verfügung.

Gehe beim Aufbau deiner Rede strategisch vor.

Konzepte zu kennen, wie du deine Reden zu bester Überzeugungswirkung bringen kannst, ist in jedem Fall nützlich.

Den Vortrag strategisch aufzubauen, empfiehlt sich vor allem bei solchen Arten von Vorträgen, mit denen du andere zu einer konkreten Handlung oder Entscheidung zu bewegen willst, die für dich wichtig ist, wie beispielsweise bei einem Debattenbeitrag oder der Präsentation eines Marketingkonzepts im Kollegium. Bei einer Laudatio oder einer Rede auf der Familienfeier geht es zwar eher weniger um wichtige Entscheidungen, doch auch bei Reden im privaten Umfeld willst du deine Zuhörer überzeugen, zumindest davon, dass sie einen schönen Moment erleben, wenn sie dir ihre Aufmerksamkeit schenken.

Wichtig ist, dass du ein strategisches Argumentieren nicht im Sinne von Manipulation verstehst oder zu diesem Zweck einsetzt. Es sollte niemals darum gehen, die Zuhörer zu überrumpeln oder subtil zu etwas zu bewegen, das sie eigentlich gar nicht wollen. Ein sinnvoller Argumentationsweg ist nicht dafür da, schlechte Argumente gut aussehen zu lassen, sondern deine von vorneherein guten Argumente zu ihrer bestmöglichen Wirkung zu bringen.

Im nächsten Abschnitt werden dir zunächst Möglichkeiten vorgestellt, den **Einstieg** deines Vortrags zu gestalten und den **Ausstieg** als wirksames Element zu nutzen statt nur als formalen Abschluss.

Du kannst die Einstiegsmodelle und die Tipps für den Ausstieg für jede Art von Rede verwenden, denn sie verhelfen dir unabhängig von Thema und Ziel des Vortrags dazu, dir die Aufmerksamkeit des Publikums und sein Vertrauen in deine Sachkompetenz und Glaubwürdigkeit zu sichern.

Die **fünf Modelle für den Redeaufbau,** die im Abschnitt danach beschrieben werden, kannst du als Muster für Reden verwenden, mit denen du die Zuhörer von etwas Konkretem überzeugen willst, das dir wichtig ist.

Der Einstieg in eine Rede

Ein guter Redner bindet die Aufmerksamkeit an sich und sein Thema. Der Philosoph Aristoteles wies bereits im 4. Jahrhundert vor unserer Zeitrechnung darauf hin: *Der Anfang ist die Hälfte des Ganzen.*
Dein Publikum muss von Anfang an gefesselt sein, und dazu bedarf es eines entsprechenden Einstiegs.

Vermeide Eröffnungen wie *Guten Tag, ich möchte mich Ihnen zuerst vorstellen, mein Name ist … und meine Qualifikation ist …*
Ansprachen solcher Art mögen höflich sein, sind aber altbacken und lassen dich hölzern wirken. Und was noch entscheidender ist: Sie locken nun wirklich keinen hinterm Ofen hervor. Zum Anfang der Rede geht es vor allem nämlich darum, die Aufmerksamkeit des Publikums zu bekommen und seine Neugier zu wecken auf das, was es jetzt von dir hören wird.
Du musst nicht befürchten, dass das Publikum dich als unhöflich und nicht wertschätzend wahrnehmen wird, wenn du nicht mit einer höflichen Grußformel, der Nennung deiner Eckdaten und deines Themas beginnst. Dass deine Zuhörer von dir wertgeschätzt werden, können sie daran spüren, dass vor ihnen jemand steht, der sich etwas einfallen lässt, um ihnen etwas Neues zu bieten, um sie zu unterhalten, sie gleich zu Anfang für Anreise und Eintrittskosten zu entlohnen.
Ebenso kannst du die Sorge ablegen, die Zuhörer könnten es so empfinden, dass du ihm Informationen vorenthältst. Normalerweise ist dem Publikum im Vorfeld bekannt, wie du heißt und worüber du sprechen wirst. Zum anderen kannst du Informationen über dich, deine Kompetenz und alles Weitere im Verlauf deiner Rede noch nachreichen.
Wenn es dir aus irgendwelchen Gründen nun doch wichtig ist, das Publikum zu Beginn deiner Rede über dich zu informieren, lass dich von einer anderen Person (beispielsweise dem Moderator) vorstellen. Dann bist du bereits eingeführt und musst keine Worte mehr über dich verlieren. Wenn dies nicht möglich ist, kannst du dich selbst, kurz und knackig, nach dem Einstieg vorstellen.

Mit einem passend gewählten ungewöhnlichen Einstieg kannst du dir zudem den sogenannten Primäreffekt zunutze machen: Wie das Publikum am Anfang gestimmt wird, beeinflusst auch die emotionale Aufnahme des Kommenden. Ein gelungener Einstieg stimmt das Publikum also positiv auf das ein, was folgen wird.

Generell empfiehlt es sich, dass du den Ein- und Ausstieg deiner Rede auswendig lernst, dies gibt dir Sicherheit. Du musst schließlich das Rad nicht jedes Mal neu erfinden und die Nervosität lässt sich so leichter besiegen.

Welche Einstiegsmöglichkeiten bieten sich dir?

Wie wir gesehen haben, sind für die Zuhörer bei der Aufnahme deiner Rede die Gefühle entscheidend, und so sollte dein erster Kontakt mit dem Publikum auf der emotionalen Ebene stattfinden.

Grundsätzlich erzielst du mit einem Gefühle ansprechenden Einstieg die Wirkung, dass sich das Publikum emotional öffnet und damit empfänglich für die Aufnahme deiner Botschaft ist. Wenn es angenehme Emotionen sind, die du bei deinen Zuhörern weckst, erhöhst du erheblich die Wahrscheinlichkeit, dass sie deinen weiteren Ausführungen *gern* folgen; siehe der eben erwähnte Primäreffekt.

Mit einem besonders gelungenen Einstieg wirst du bei einigen deiner Zuhörer mehrere Emotionen zum Schwingen bringen. Es ist jedoch nicht wichtig, in jedem einzelnen Menschen möglichst viele verschiedene Gefühle zu erzeugen. Entscheidend ist, dass du bei jedem überhaupt ein Gefühl anregst, dein Publikum also insgesamt auf die emotionale Ebene holst. Passend zu der Art deines Vortrags, dem Thema, dem Publikum, deinen Vorlieben und all solchen individuellen Parametern kannst du auch gezielt den Schwerpunkt auf eine bestimmte Emotion legen und den Einstieg in Orientierung daran gestalten.

Ein sehr gutes Instrument für einen Emotionen ansprechenden Einstieg ist das Storytelling, denn hier kannst du vieles vereinen. Je nachdem, wie die Geschichte, die du erzählst, beschaffen ist und wie du sie vorträgst, kannst du deinen Zuhörern das Gefühl von Verbundenheit geben, ihnen die Herzen erwärmen, sie in Spannung versetzen und/oder zum Lachen bringen.

Um dein Publikum auf der emotionalen Ebene anzusprechen, musst du aber nicht unbedingt immer eine Geschichte erzählen. Je nachdem was dir liegt, was zu deinem Thema, dem Auftritts-Setting und deinem Publikum passt, stehen dir neben dem Storytelling noch andere Techniken für deinen Einstieg zur Verfügung:

Sprich mit deinem Einstieg die Zuhörer emotional an.

- Du kannst mit Anschauungsmaterial – einem Gegenstand, einem Bild, einer (kurzen!) multimedialen Präsentation – starten, mit einem Zitat, einem Witz, einem eingespielten Lied.

- Du kannst deine Rede auch beginnen, indem du Bezug zum aktuellen Moment nimmst oder zu etwas, das sich gerade kurz zuvor zugetragen hat. Das kann ein Geschehnis im Saal sein oder eine aktuelle Meldung. Du kannst auf eine Aussage deines Vorredners eingehen oder das Publikum loben, weil es sich beispielsweise trotz Sonnenschein hier in einer abgedunkelten Halle zusammengefunden hat.

- Sehr wirkungsvoll ist es, direkt mit einer Frage an das Publikum in deinen Vortrag einzusteigen. Im Folgenden wirst du noch genauer erfahren, warum Fragen ein gutes Einstiegsinstrument sind.

Zurück zu den Emotionen. Du möchtest, dass es angenehme Gefühle sind, die die Zuhörer mit dir und deinem Vortrag in Verbindung bringen, solltest demnach also auch mit deinem Einstieg solche angenehmen Gefühle ansprechen. Wähle am besten eine der folgenden Publikums-Emotion aus und richte den Auftakt deiner Rede danach aus:

- Spannung und Neugier

- Rührung

- Verbundenheit

- Heiterkeit und lachen

Spannung und Neugier
Für einen Spannung erzeugenden Einstieg besteht beispielsweise die Möglichkeit, das zu kreieren, was bei Film- und Fernsehproduktionen Cliffhanger genannt wird: Am Ende einer Serienfolge geschieht etwas Dramatisches, der Zuschauer will unbedingt wissen, wie es weitergeht und ist motiviert wieder einzuschalten.

Für deinen Redeeinstieg heißt das: Du reißt ein Thema an, hebst etwas hervor, lobst es, schaffst ein Informationsdefizit. In jedem Fall baust du gezielt eine Lücke auf, die nur mit weiterem Zuhören deines Vortrags geschlossen werden kann. Das macht das Publikum neugierig, es möchte die Antwort sofort, Du präsentierst diese aber erst im Verlauf Deiner Rede.

Rührung
Mit einem berührenden Einstieg erreichst und öffnest du die Herzen deiner Zuhörer.

Wovon ein Mensch ergriffen ist, was ihn rührt, ist individuell und hat viel mit der persönlichen Lebensgeschichte zu tun. Es gibt aber gewisse Dinge, die wohl außer sehr hartgesottenen Menschen niemanden kalt lassen. Die meisten Menschen empfinden Rührung, wenn sie an etwas teilhaben, das wie ein kleines Wunder erscheint, zum Beispiel wenn sich eine vermeintlich hoffnungslose Situation zum Guten wendet. Findest du eine solche Geschichte, die auch im Zusammenhang mit deinem Vortragsthema steht, eignet sie sich sehr gut für einen berührenden Einstieg mit Storytelling.

Um das Publikum zu berühren, musst du deinen Einstig aber nicht unbedingt als verbal erzählte Geschichte gestalten. Eine Melodie, ein eindrucksvolles Bild, ein ergreifender Satz, dies alles sind ebenfalls Formen, mit denen du Inhalte ohne den Umweg über das Rationale direkt an die Herzen deiner Zuschauer tragen kannst.

Verbundenheit

Du kannst deinen Einstieg auch so gestalten, dass er beim Publikum Gefühle von Verbundenheit, Gemeinsamkeit, Vertrautheit erzeugt beziehungsweise ein bereits vorhandenes Verbundenheitsgefühl zum Schwingen bringt. Dies kannst du am besten erreichen, indem du Zuhörer etwas fragst oder ihnen präsentierst, das sie innerlich sagen lässt: Ach ja, das kenne ich auch! Oder: Diesem Redner geht es wie mir, der versteht mich!

Zusätzlich hat der Verbindlichkeitseinstieg eine besondere Power, weil er einen Zuhörer sich nicht nur mit dir verbunden fühlen lässt, sondern auch mit den anderen Menschen im Publikum. Das Gefühl, zu einer Gruppe zu gehören, mit den eigenen Emotionen nicht allein zu sein, schafft bei den einzelnen Personen im Publikum eine Grundlage von Sicherheit und dies wiederum verstärkt die Bereitschaft des Publikums insgesamt, sich den Aussagen deines Vortrags anzuschließen.

Ein technischer Vorteil des Verbindlichkeitseinstiegs ist, dass du ihn mit jeglichem Inhalt gestalten kannst und dabei nicht auf das Thema deines Vortrags eingeschränkt bist. Es kommt nur darauf an, dass du etwas vorbringst, mit dem die meisten Menschen die gleichen Emotionen assoziieren. Das letzte Familienfest, anstehen an der Supermarktkasse, das Verpassen der S-Bahn, auf solche Situationen kannst du in deinem Einstig Bezug nehmen, egal worum es in deinem Vortrag eigentlich geht. Entscheidend ist ja, dass du als Erstes die Basis des Verbundenheitsgefühls beim Publikum schaffst.

Einen Verknüpfungspunkt, um zum tatsächlichen Thema deines Vortrags überzuleiten, findest du leicht, wenn du dir die Frage stellst, wo der Bezug deines Themas zum alltäglichen Leben liegt. Diese Frage solltest du dir ohnehin bei der Planung deines Vortrags stellen, denn es wird schwer möglich sein, deine Zuhörer überhaupt zu erreichen, wenn ihnen dein Thema völlig abstrakt bleibt.

Eine gute Methode, um mit dem Einstieg direkt eine Basis der Verbundenheit zu schaffen, sind „Wie viele von euch"-Fragen. In der Beschreibung des 6-Punkte-Templates auf der nächsten Seite erfährst du Genaueres darüber.

Heiterkeit und lachen

Lachen macht glücklich und wer uns zum Lachen bringt, ist uns sympathisch.

Mit einem witzigen Einstieg kannst du zum einen das – wie eben beschrieben so wichtige – Verbundenheitsgefühl deiner Zuhörer aktivieren. Sicher hast du auch schon erlebt, dass du dich sofort mit jenen Personen verbunden fühlst, die über die gleichen Dinge lachen können wie du und mit denen du gemeinsame Lach-Erlebnisse teilst.

Zum anderen kann ein Humor-Einstieg beim Publikum etwaig vorhandene Barrieren lösen. Erlebt ein Zuhörer von Seiten des Redners Humor, ist er von Druck befreit, den er vielleicht mit dem Besuch eines Vortrags ansonsten verbindet: Ich muss aufmerksam sein, ich muss den Redner und seinen Vortrag würdigen, indem ich mich ernst verhalte …

Gibt es gleich zu Beginn deines Vortrags etwas zu lachen, bekommt der Zuhörer die Botschaft: Ich darf mich locker fühlen und ich darf etwas lustig finden, ohne dass ich damit Geringschätzung für Rede und Redner ausdrücke. Ein Zuhörer, der lachen darf, hört nicht zu, weil er zuhören *soll*, sondern weil er zuhören *will*. Mit einem witzigen Einstieg erhöhst du also erheblich die Wahrscheinlichkeit, dass dein Publikum mit intrinsischem Interesse bei der Sache bleibt. Und über die hohe Bedeutung des intrinsischen Interesses für die Beschäftigung mit Inhalten konntest du bereits auf den Seiten 24 und 25 lesen.

HUMOR & WITZ: PROBE DAS RICHTIGE TIMING

Wenn du dich für einen witzigen Einstieg entscheidest, wirst du wahrscheinlich deine Rede auch im Weiteren mit Humor-Elementen bestücken. Eine gelungene humorvolle Rede wird vom Publikum tatsächlich immer gerne angenommen.

Bei Witz und Pointen ist allerdings das richtige Timing sehr wichtig. Sender und Empfänger müssen in dem Bereich gleich klingen, das Publikum muss dir folgen können und die Pointen müssen so beschaffen sein, dass das Publikum sie auch als witzig erkennt und lacht. Wenn das nicht funktioniert, dann kann es tatsächlich peinlich werden.

Wenn du eine pointenreiche Rede planst, halte sie vorab mehrmals vor einem vertrauten Kreis und checke, ob Timing und Witz funktionieren.

Der Einstieg nach Schema: das 6-Punkte-Template

Besondere Sicherheit kann es dir geben, den Einstieg nach einem Ablaufschema zu gestalten. Ein sehr wirkungsvolles und psychologisch ausgereiftes Ablaufverfahren, das der international erfolgreiche

Redner Tobias Beck gerne einsetzt und in seiner Public Speaking Academy vorstellt, ist das folgende 6-Punkte-Template.

Mit diesem Template bist du auf der sicheren Seite. Du gewinnst Interesse und Zuneigung des Publikums und informierst es gleichzeitig über das Wesentliche. Du wirst die Aufmerksamkeit ab dem ersten Satz (der eine Frage ist!) sofort gewinnen und durch eine geschickte Fortführung auch bei dir behalten.

Natürlich kannst du das Template variieren, aber das solltest du nur tun, wenn ein Abschnitt keinen Sinn für dich innerhalb deiner Präsentation ergibt.

Das 6-Punkte Template im Einzelnen:

1. Zwei Fragen	Schmerz-Frage; Wohlfühl-Frage
2. Danke	du dankst dem Publikum
3. WHID	Was habe ich davon?
4. Vorstellung	du stellst dich vor
5. ETR	Earn The Right – verdiene dir das Recht
6. Warum?	du erklärst deine persönliche Motivation

Die einzelnen Punkte werden deutlich anhand eines Beispiels. Nehmen wir an, dein Vortrag hat das Thema *Das Halten einer Rede*.

1. Zwei Fragen

Du beginnst mit einer direkten Frage an das Publikum. Das fordert sofort die Aufmerksamkeit der Zuhörer ein. Die Frage ist eine Schmerz-Frage, ruft also eine negative Gefühlsreaktion hervor.

Wie viele von Ihnen waren schon einmal richtig nervös vor einer Ansprache, die Sie halten mussten?

Du selbst hebst bei der Frage deine Hand hoch und gibst damit zum einen ein Signal an das Publikum, sich zu beteiligen; das schafft Nähe und es zeigt dein Interesse am Publikum. Zum anderen gibst du preis, dass du ein unangenehmes Gefühl mit den Zuhörern teilst; die positive Wirkung hiervon ist unter dem Stichwort *Verbundenheit* auf Seite 42 beschrieben. Vermutlich werden nun viele Hände im Publikum hochgehen.

Jetzt kommt die Wohlfühl-Frage:

Und wie viele von Ihnen möchten die Nervosität in ein Glücksgefühl umwandeln und sogar gerne eine Rede halten?

Auch hier hebst du wieder eine Hand.

Achte darauf, während der zwei Fragen das Publikum auch anzuschauen. Einige Sprecher, die mit der Technik des Handhebens arbeiten, machen sofort weiter und es ist offensichtlich, dass sie die Reaktion des Publikums nicht wirklich wahrgenommen haben.

Mit den zwei Fragen ist der Kontakt zum Publikum hergestellt. Du hast die Zuhörer geistig und körperlich aktiviert. Emotionen wurden bereits freigesetzt. Das Publikum hört dir jetzt interessiert zu.

2. Danke

Mit deinem Dank würdigst du, dass die Menschen sich auf den Weg gemacht haben, um deiner Rede zuzuhören. Du zeigst also dem Publikum deinen Respekt.

3. WHID

Bei allem, was uns angeboten wird oder was wir beabsichtigen zu tun, stellt sich in uns bewusst oder unbewusst die Frage: Und was habe ich davon? Was habe ich davon, dass ich dieses oder jenes tue, für dieses oder jenes Energie aufwende?

Das ist eine ganz natürliche und legitime Frage in uns, deren Beantwortung das Überleben in grauer Vorzeit gesichert hat. Und deshalb verfangen auch die altbackenen Einleitungen nicht, in denen ein Redner sich und seine Leistungen lange hervorhebt. Nur der eingefleischte Fan hat daran seine Freude, ansonsten sieht aber wohl keiner darin einen Nutzen für sich. Also wirst du an dieser Stelle den Vorteil vorbringen, den das Publikum daraus zieht, dir bis zum Ende deines Vortrags zuzuhören.

Nach diesem Vortrag, meine Damen und Herren, werden Sie keine Angst mehr vor einer Rede haben. Denn sie werden dann wissen, wie sie kinderleicht in eine Rede einsteigen und wie sie diese selbstsicher und entspannt halten werden. Und ich werde Ihnen Wege zeigen, wie Sie dieses gute Gefühl auch nach dem Vortragsende in sich aufrechterhalten.

4. Vorstellung

Stelle dich kurz und knapp vor. Dein Name, dein Beruf und was du anbietest, mehr sollte es nicht sein.

Mein Name ist Max Müller. Ich bin seit zwölf Jahren Coach und Autor. Vor acht Jahren habe ich mein Unternehmen Müller-Coaching gegründet. Ich biete Personal-Coachings im Rahmen von Firmenumstrukturierungen an.

5. ETR – Earn The Right

Hier geht es um deine Kompetenz. Du machst den Zuhörern plausibel, womit du dir das Recht verdient hast, zu diesem Thema auf der Bühne zu ihnen zu sprechen. Storytelling passt hier sehr gut. Das könnte zum Beispiel so aussehen:

Ich wurde am Anfang meiner Karriere ins kalte Wasser geworfen und sollte als junger Mann Vorträge halten vor erfahrenen Kollegen. Das führte, gelinde gesagt, zu einigem Stirnrunzeln, ob der Qualität meiner Vorträge. Zu der Zeit war die Mentalität der Kollegen so, dass sie ihr Wissen lieber für sich behalten wollten. Einen potentiellen Konkurrenten wollte keiner fördern. So habe ich mir als Autodidakt sehr viel selbst erarbeiten müssen. Nur gelegentlich besuchte ich teure Profi-Seminare im Ausland.

6. Warum

Dein *warum* schließt die Einleitung ab. Mit dem, was du an den Punkten WHID und ETR gesagt hast, hast du den Zuhörern bereits die Gründe geliefert, dich für prinzipiell glaubwürdig zu halten. Vollends überzeugt von ihrem Nutzen an deinem Vortrag und deinem Recht, ihnen etwas über das betreffende Thema zu erzählen, können sie jedoch erst sein, wenn sie wissen, dass deine Motivation dafür die richtige ist.

Was aber ist *die richtige* Motivation? Darauf gibt es eine klare Antwort: Das Thema deines Vortrags liegt dir so am Herzen, dass du die Menschen daran teilhaben lassen möchtest. Beispielsweise weil durch das, was du deinen Zuhörern nun erzählen wirst, sich dein Leben verbessert hat, und du dir wünschst, dass noch mehr Menschen dies erleben. Oder weil du davon überzeugt bist, dass sich ein gesellschaftliches Problem lösen oder abmildern lässt, wenn möglichst viele die Aussagen deines Vortrags kennen und danach handeln.

Ich möchte Menschen unterstützen, sattelfest und selbstbewusst auf der Bühne zu agieren. Es ist nicht notwendig, dass Sie all meine Fauxpas wiederholen. Meine Freude am Sprechen und Coachen und meine Erfahrung als Redner habe ich deshalb miteinander verbunden. Und dieses Wissen an Interessierte weiterzugeben und sie wachsen zu sehen in der Zusammenarbeit, das macht mich glücklich!

Du kannst beim Warum sehr gut auch Storytelling einsetzen. Denke aber daran, hier nicht auszuufern, denn die Einleitung zu deinem Vortrag sollte insgesamt nicht mehr als ein paar Minuten dauern.

TIPPS FÜR DEN EINSTIEG ZUSAMMENGEFASST

- Beginne nicht mit dir
- Lerne den Einstieg in deine Rede auswendig
- Benutze das 6-Punkte-Template

Der Ausstieg aus einer Rede

Wenn dein Vortrag beim Publikum noch für einige Zeit nachklingt oder sogar zu Handlungen oder Veränderungen in den nächsten Tagen führt, dann hast du alles richtig gemacht.

Deshalb achte darauf, dein Publikum mit einer Handlungsaufforderung zu entlassen. Kein Danken für die Aufmerksamkeit, kein Zusammenfassen des bereits Gesagten, sondern gib den Menschen etwas mit, worüber sie nachdenken oder was sie konkret angehen können.

Dramaturgisch rund ist es, wenn du den Einstiegspeak, also den Höhepunkt der Einleitung, mit dem Höhepunkt des Endes inhaltlich sinnvoll verbinden kannst. Zeige die Schlussfolgerung auf und tu dies aus Sicht der Zuhörer: Warum ist es gut und richtig, das Gesagte umzusetzen? Setze dann im letzten Satz einen Impuls.

Zum Beispiel hast du über einen notwendigen Strategiewechsel innerhalb deines Unternehmens gesprochen und beendest jetzt deinen Vortrag mit:

Das ist der richtige Weg aus der Krise. Lassen sie uns gemeinsam jetzt diesen Weg beschreiten!

TIPPS FÜR DEN AUSSTIEG ZUSAMMENGEFASST

- Schließe mit einer Handlungsaufforderung
- Trage keine Zusammenfassung am Ende vor
- Versuche Einstiegs- und Ausstiegspeak miteinander zu verbinden

---

Modelle für den Rede-Aufbau

Es gibt auch die Möglichkeit, die ganze Rede nach einem bestimmten Schema aufzubauen. Je nachdem welcher Art deine Rede ist, zu welchem Thema du sprichst und was du bei deinen Zuhörern erreichen willst, kannst du beim Erstellen deines Manuskripts aus verschiedenen Argumentationsmodellen das passende auswählen und wie eine Schablone verwenden.

In diesem Abschnitt lernst du fünf Modelle für den Rede-Aufbau kennen:

a) das Fünf-Schritte-Modell

b) das Problemlösungsmodell

c) das Pro/Kontra-Modell

d) das AIDA-Modell

e) das Drei-Zeiten-Modell

Alle fünf Modelle kannst du für verschiedene Rede-Arten verwenden, die Firmenpräsentation, die Rede auf der Familienfeier, den Diskussionsbeitrag, die Wahlrede ...

Als Grundformel für jedes Rede-Modell gilt: Wecke Aufmerksamkeit mit dem Einstieg und schließe mit einer Handlungsaufforderung.

a) das Fünf-Schritte-Modell

Diese Formel ist sehr einfach gehalten und dadurch für fast alle Anlässe einsetzbar. Du hast immer eine gute Grundlage für den Aufbau deiner Rede parat, wenn du das Fünf-Schritte-Modell auswendig lernst.

Aufbau des Fünf-Schritte-Modells

1. Schritt: Aufmerksamkeit wecken
Finde einen spannenden, witzigen, überraschenden oder außergewöhnlichen Einstieg in deine Rede. Finde eine gute Überleitung zum Hauptteil, sodass dein Publikum hören möchte, wie es weitergeht.
2. Schritt: Das Thema vorstellen
Stelle dein Thema vor und erläutere, was du erreichen möchtest.
3. Schritt: Begründen und Beispiele liefern
Liefere eine Begründung für deine Aussagen und untermauere diese mit anschaulichen Beispielen.
4. Schritt: Ein Fazit ziehen
Das oben Genannte verbindest du und ziehst die Schlussfolgerung und Handlungskonsequenz daraus.
5. Schritt: Zum Handeln auffordern
Gib einen Impuls an das Publikum, so bleibt es auch nach Vortragsende aktiviert und deine Rede bleibt nachhaltiger im Gedächtnis

Beispieltext

Aufmerksamkeit wecken
Mein zwölfjähriger Sohn ist beinahe von einem LKW überfahren worden. Mir gehen das Geräusch der quietschenden Bremsen und Benjamins herzzerreißendes Weinen nicht aus dem Kopf.

Das Thema vorstellen
Wir wohnen am Stadtring und sind täglich den großen Verkehrsgefahren ausgesetzt. Wir müssen jetzt etwas gegen diesen gefährlichen Verkehr dort tun!

Begründen und Beispiele liefern
Von früh morgens bis zum späten Abend rauschen die Fahrzeuge viel zu schnell auf den Straßen hier an einem vorbei.
Kinder, viele Kinder, müssen diesen Ring täglich kreuzen auf ihrem Weg zur Schule oder zum Spielplatz. Erst vorhin habe ich wieder verzweifelte Kinder gesehen, die versucht haben, die Straße zu überqueren. Und der nächste Fußgängerüberweg ist 300 Meter entfernt.

Ein Fazit ziehen
Wir müssen jetzt unsere Kinder vor Verletzung und Tod bewahren. Dafür müssen wir die Verantwortlichen auffordern, die Verkehrssituation jetzt zu verändern.

Zum Handeln auffordern
Lasst uns jetzt eine Unterschriftenkampagne erstellen und vor dem Amt demonstrieren!

b) das Problemlösungs-Modell
Es ist eine Verfeinerung des Fünf-Schritte-Modells und besonders gut geeignet, wenn bei den Zuhörern vorab Zustimmung zum Ziel besteht, aber der Weg dorthin umstritten ist. Mit diesem Modell lässt du deine Zuhörer spüren, dass sie in den Lösungsprozess eingebunden sind.

Aufbau des Problemlösungsmodells

Aufmerksamkeit wecken
Wie beim Fünf-Schritte-Modell

Das Problem darlegen
Das Thema deines Vortrags ist ein Problem, das du als solches umreißt.

Das Ziel benennen, den Idealzustand beschreiben
Formuliere konkret das Ziel und beschreibe, wie der Zustand nach Lösung des Problems aussieht.

Verschiedene Lösungen zeigen und einzeln bewerten
Stelle mehrere Lösungswege vor. Gehe auf jeden ein und gib eine Wertung, wie gut deiner Ansicht nach die Wege jeweils zur Lösung des Problems geeignet sind. Präsentiere den für dich besten Lösungsweg als letzten.

Den besten Lösungsweg benennen

Ziehe aus den Einzelbewertungen das Fazit. Stelle klar, welcher der aufgeführten Lösungswege nach deiner Schlussfolgerung der richtige ist und jetzt umgesetzt werden soll.

Zum Handeln auffordern

Wie beim Fünf-Schritte-Modell

Beispieltext

Aufmerksamkeit wecken

Mein zwölfjähriger Sohn ist beinahe von einem LKW überfahren worden. Mir gehen das Geräusch der quietschenden Bremsen und Benjamins herzzerreißendes Weinen nicht aus dem Kopf.

Das Problem darlegen

Wir wohnen am Stadtring. Von früh morgens bis zum späten Abend fahren auf den Straßen hier diese Todesmaschinen viel zu schnell. Kinder, viele Kinder, müssen diesen Ring täglich kreuzen auf ihrem Weg zur Schule oder zum Spielplatz. Erst vorhin habe ich wieder verzweifelte Kinder gesehen, die versucht haben, die Straße zu überqueren. Und der nächste Fußgängerüberweg ist 300 Meter entfernt.

Das Ziel benennen, den Idealzustand beschreiben

Jedes Kind soll mit sicherem Gefühl die Straße überqueren, ohne lange nach einem Übergang suchen zu müssen. Der Straßenverkehr soll beruhigt werden, aber flüssig bleiben.

Verschiedene Lösungen zeigen und einzeln bewerten

a) Eine Möglichkeit wäre die Installation von Radaranlagen. Die Fahrzeuge müssten langsamer fahren. Ein Nachteil davon ist allerdings, dass nach dem Passieren der Radaranlage viele wieder voll aufs Gaspedal treten.

b) Tempo-30-Zonen wären auch eine Möglichkeit. Man müsste hier bedenken, dass der Verkehrsfluss zu den Zeiten, in denen keine Kinder auf der Straße sind, unnötig verlangsamt wäre.

c) Eine andere Option ist, mehr Verkehrsüberwege zu schaffen. Dann können die Kinder sicher die Straßen überqueren und die Fahrzeuge müssen nicht anhalten, wenn kein Fußgänger da ist.

Den besten Lösungsweg benennen

Es ist ganz klar, dass Verkehrsüberwege die Lösung für den Stadtring sind. Sie bieten Sicherheit für unsere Kinder und haben die wenigsten Nachteile.

Zum Handeln auffordern

Lasst uns das in Angriff nehmen! Erstellen wir jetzt gemeinsam eine Unterschriftenliste und gehen dann gemeinsam zur Übergabe zum Amt.

c) das Pro/Kontra-Modell

Dieses Modell ist besonders gut einzusetzen, wenn es andere Positionen gibt, die mit deiner um die Gunst des Publikums konkurrieren. Es ist auch effektiv, wenn die Problemlage selbst strittig ist.

Wenn du einer unter mehreren Rednern bist und die Positionen und Argumente deiner Nachredner kennst, dann versuche, der erste Redner zu sein. Du kannst so bereits vieles von dem vorwegnehmen, was deine Nachfolger später erwähnen werden. Indem du bereits die Argumente der Gegenseite anerkannt, aber direkt entkräftet hast, kannst du das Publikum schon im Vorfeld auf deine Seite ziehen. Zudem hast du als erster Redner die Möglichkeit, die Aufmerksamkeit der Zuhörer gleich zu Anfang ihrer Konzentrationsspanne zu bekommen.

Aufbau des Pro-/Kontra-Modells
Aufmerksamkeit wecken
Wie im Fünf-Schritte-Modell
Das Problem darlegen
Wie im Problemlösungsmodell
Die Gegenposition(en) darlegen
Benenne die Position(en), die deiner entgegenstehen.
Die Hauptargumente der Gegenseite entkräften
Lege dar, warum die Argumente der Gegenposition(en) nicht genügen oder nicht schlüssig sind.
Die eigene Position formulieren
Lege deine eigene Position dar.
Die eigene Position überzeugend begründen
Führe Argumente und Begründungen für deine Position an.
Ein Fazit ziehen, Folgerungen benennen
Ziehe dein Fazit und benenne, welche Handlungskonsequenzen sich daraus ergeben.
Zum Handeln auffordern
wie beim Fünf-Schritte-Modell

Beispieltext
Aufmerksamkeit wecken
Mein 12-jähriger Sohn ist beinahe von einem LKW überfahren worden. Mir gehen das Geräusch der quietschenden Bremsen und Benjamins herzzerreißendes Weinen nicht aus dem Kopf.
Das Problem darlegen
Wir wohnen am Stadtring. Tausende Fahrzeuge jeden Tag. Von früh morgens bis zum späten Abend wird hier viel zu schnell auf den Straßen gefahren. Kinder, viele Kinder, müssen diesen Ring täglich kreuzen auf ihrem Weg zur Schule oder zum Spielplatz. Erst vorhin habe ich wieder verzweifelte Kinder gesehen, die versucht haben die Straße zu überqueren. Und der nächste Fußgängerüberweg ist 300 Meter entfernt.

Die Gegenposition(en) darlegen

Es gibt die Möglichkeit, die Situation so zu belassen. Ein fließender Verkehr ist wichtig. Staus und ständiges Halten und Anfahren verpesten die Luft. Auch sollten Kinder heute schon frühzeitig durch ihre Eltern beigebracht bekommen, sich verkehrskonform zu verhalten.

Die Hauptargumente der Gegenseite entkräften

Aber Verkehrserziehung ist nicht ausreichend, um die Sicherheit der Kinder zu gewährleisten, wenn die Bereiche, in denen sie sich bewegen müssen, gleichzeitig einfach zu gefährlich sind.

Die eigene Position formulieren

Die Verkehrssituation am Ring muss verändert werden. Es sollten Sicherheitszonen für die Kinder geschaffen werden.

Die eigene Position überzeugend begründen

Kinderschutz muss immer vor Verkehrsschutz kommen! Sicherheitszonen würden nicht nur die Sicherheit der Kinder gewährleisten, sondern auch die aller anderen Fußgänger. Auch für die Autofahrer würden sie das Unfallrisiko verringern, und wenn sie klug konzipiert werden, könnte der Autoverkehr weiterhin flüssig bleiben, denn der Verkehr würde nur dann zum Halten kommen, wenn tatsächlich Fußgänger die Straße überqueren wollen.

So können wir unsere Kinder auch alleine vor die Haustür lassen und sie kommen sicher zu Schule und zum Spielplatz und werden nicht zu Stubenhockern.

Ein Fazit ziehen, Folgerungen benennen

Sicherheitszonen würden also insgesamt die Verkehrslage verbessern. Daher sollten wir mehr sichere Verkehrsübergänge für den Stadtring schaffen und die Geschwindigkeit müsste kontrolliert werden.

Das ist die erste und beste Lösung für das Problem. Ernsthafte Gegenargumente gibt es, wie Ihr gehört habt, nicht.

Zum Handeln auffordern

Daher lasst uns dafür gemeinsam eintreten, indem wir jetzt eine Unterschriftenliste für weitere Verkehrsübergänge starten!

d) das AIDA-Modell

Dieses Modell ist vor allem im Marketingbereich, beispielsweise für Verkaufsgespräche, recht populär. Es ist kurz und prägnant, dennoch – oder gerade deshalb – nicht weniger wirksam. Die Stärke des Modells liegt darin, dass es die Zuhörer über Emotionen erreicht. Es wird Betroffenheit im Zuhörer geweckt, dann ein Verlangen erzeugt, indem Motivation und Nutzen der Problemlösung für die Zuhörer gezeigt werden. Da das AIDA-Modell über Emotionen überzeugt, wird theoretisch-logisches Argumentieren hier sehr reduziert oder gar nicht eingesetzt. Daher eignet sich das AIDA-Modell besonders bei einem Publikum, das auf der Ratio-Ebene momentan nicht so empfänglich ist, vielleicht weil diese Zuhörer zum Beispiel gerade viel Kopfarbeit hinter sich haben oder zum Thema der Rede schon viele theoretische Argumente gehört haben.

Aufbau des AIDA-Modells
A – Attention
Wecke Aufmerksamkeit.
I – Interest
Vermittle, warum es im Interesse deiner Zuhörer ist, deine Position zu hören.
D – Desire
Erzeuge Verlangen.
A – Action
Fordere zum Handeln auf.

Beispieltext
Attention
Mein 12-jähriger Sohn ist beinahe von einem LKW überfahren worden. Mir gehen das Geräusch der quietschenden Bremsen und Benjamins herzzerreißendes Weinen nicht aus dem Kopf.
Interest
Wer von Ihnen hat eigene Kinder? Oder Enkelkinder hier in der Nachbarschaft? Oder ist es nicht sogar unser aller Pflicht für das Wohl der Kinder in unserer Gesellschaft zu sorgen? Wir wohnen hier am Stadtring. Eine Straße, auf der hunderte von LKWs und Autos täglich vorbeirasen. Vielleicht fahren auch Sie hier entlang – stellen Sie sich vor, plötzlich rennt eines unserer Kinder vor Ihren Wagen.
Desire
Und jetzt stellen Sie sich bitte vor, die Kinder könnten ohne Gefahr die Straße passieren, auf dem Weg zur Schule, auf dem Weg zum Spielen. Als Autofahrer könnten Sie im flüssigen Verkehr fahren und müssten keine Sorge haben, die Kinder und sich selbst zu gefährden. Das lässt sich realisieren! Und wir alle hätten etwas davon. Mit mehr Verkehrsübergängen und Radaranlagen sind unsere Kinder geschützt. Auch die Luft wird besser und wir hätten weniger Lärm.
Action
Deshalb fordere ich Sie alle auf, uns mit Ihrer Unterschrift zu unterstützen und dadurch die Ämter der Stadt zu überzeugen.

e) das Drei-Zeiten-Modell

Dieses Modell appelliert stark an die Sehnsüchte und Emotionen der Zuhörer. Daher ist es sehr gut geeignet für visionäre Ansprachen. Du legst dar, von wo aus gestartet und was bisher erreicht wurde. Dann wendest du den Blick in eine positive Zukunft, die durch dich und mit dir gestaltet werden kann.

Aufbau des Drei-Zeiten-Modells

Aufmerksamkeit wecken
Wie in den anderen Modellen
Die Vergangenheit
Erzähle davon, wie die Dinge früher waren.
Die Gegenwart
Beschreibe den gegenwärtigen Zustand. Zeige auf, wie sich die Lage – mit Umsetzung deiner Vorschläge oder durch deine (Mit-)Arbeit – bereits zum Guten entwickelt hat.
Die Zukunft
Entwirf die positive Zukunft.
Zum Handeln auffordern
Wie beim Fünf-Schritte-Modell

Beispieltext

Aufmerksamkeit wecken
Vorletztes Jahr wart ihr alle am Grab von Benjamin. Benjamin ist von einem LKW auf dem Stadtring überfahren worden.
Die Vergangenheit
Erinnert Ihr Euch noch, wie befahren der Ring damals war? Wie dort gerast wurde? Wie wenige Verkehrsübergange es für unsere Kinder gegeben hat? Ständig gab es Unfälle!
Die Gegenwart
Heute haben wir viel erreicht. Es wurden aufgrund des Unglücks mehr Ampelanlagen gebaut und die Kinder können in Sicherheit die Straße überqueren.
Die Zukunft
Aber stellt Euch vor, wie es wäre, wenn im nächsten Jahr insgesamt nicht mehr so gerast werden würde, auch dann nicht, wenn keiner die Straße überqueren möchte. Wenn alles ruhiger und leiser werden würde für uns und unsere Kinder. Wenn die Luftqualität sich verbessern würde. Radaranlagen würden dies ermöglichen!
Zum Handeln auffordern
Deshalb lasst uns noch heute eine Unterschriftenliste starten und erneut gemeinsam vor dem Amt demonstrieren.

Rhetorische Stilmittel

Rhetorische Stilmittel dienen der wirkungsvollen Gestaltung einer Rede. Diese sprachlichen Ausdrucksmittel weichen vom alltäglichen Sprachgebrauch ab. Betonung, Einprägsamkeit und Veranschaulichung heben die betreffende Passage hervor. Du kannst mit rhetorischen Stilmitteln den Inhalt deiner Rede effektvoll dem Publikum präsentieren. Lass dich aber nicht verleiten, den Effekt zu missbrauchen, um Inhaltsleere zu kaschieren oder um unlauter zu manipulieren.

Du möchtest Menschen überzeugen, sei es im Vortrag, im Streitgespräch oder einer Verhandlung. Hierfür vermittelst du deine Botschaft im Idealfall so beeindruckend, dass die Zuhörer sie verstehen, übernehmen und hoffentlich danach handeln.

Rhetorische Stilmittel sollen
- Gefühle erwecken
- überraschen und Aufmerksamkeit erzwingen
- eine Rede lebendiger machen
- Texte unterhaltsamer machen
- Wirkung und Überzeugungskraft erhöhen
- mit wenigen Worten eine hohe Aussagekraft erzeugen und somit verdichten
- Einprägsame Bilder im Kopf erzeugen

Aus dem großen Fundus der rhetorischen Stilmittel findest du hier zwanzig, mit denen du deine Rede auf der Bühne überzeugender, eindringlicher und interessanter halten kannst. Prüfe selbst für dich, welche Wirkung die jeweilige Stilfigur auf dich hat. So kannst du sie dann aus eigener Erfahrung entsprechend stilsicher einsetzen.

Allegorie
Die bildliche Darstellung und Verdeutlichung eines abstrakten Begriffs oder Sachverhalts.
In der Rhetorik beinhaltet die Allegorie den Gedankensprung vom Gesagten zum Gemeinten. Eine Allegorie kann eine einfache Geschichte sein, die einen abstrakten Sachverhalt verdeutlicht. Synonyme zu Allegorie sind unter anderem Personifikation, Verkörperung, Sinnbild oder Inkarnation.
Bekannte Allegorien sind der Sensenmann, der für den Tod steht, und die Justitia, die mit Waage und Schwert in der Hand Gerechtigkeit repräsentiert.

Alliteration

Alle Wörter in einer Wortfolge haben den gleichen Anfangslaut.
Die Alliteration wird häufig in der Werbung benutzt, wie zum Beispiel in dem Slogan der Milchwirtschaft: *Milch macht müde Männer munter.*
Ein anderes Beispiel für Alliteration ist dieser bekannte Zungenbrecher, eine für dich als Sprecher gute Sprechübung: *Fischers Fritze fischt frische Fische. Frische Fische fischt Fischers Fritze.*

Anapher

Dieses Stilmittel wird eingesetzt, um Texte zu strukturieren und zu rhythmisieren. Dabei wird ein Wort oder ein Satz zu Beginn einmalig oder mehrmalig wiederholt. Dies hat eine verstärkende Wirkung zur Folge.
Beispiele: *Der Mohr hat seine Schuldigkeit getan, der Mohr kann gehen.* (Friedrich Schiller, Die Verschwörung des Fiesco zu Genua).
Wer soll nun die Kinder lehren und die Wissenschaft vermehren? Wer soll nun für Lämpel leiten seine Amtestätigkeiten? (Wilhelm Busch, Max und Moritz)

Antithese

Die Antithese ist eine Gegenbehauptung oder eine Zusammenstellung entgegengesetzter Begriffe. Ihr Ziel ist, das vorher Gesagte zu widerlegen oder zu entkräften.
Als Stilmittel in einer Rede erlaubt sie wirkungsstark, gegensätzliche Begriffe und Gedanken direkt miteinander zu verbinden.
Beispiele: *Der Geist ist willig, aber das Fleisch ist schwach.* Oder: *Er schläft am Tage, in der Nacht wacht er.*

Dysphemismus

Der verwendete sprachliche Ausdruck wertet Personen, Dinge oder Sachverhalte stark ab und erweckt negative Assoziationen. Beispielsweise die Verwendung des Begriffs „Gedöns" für vermeintlich unnötige Dinge. Besonders in der politischen Rhetorik wird es als Stilmittel gerne genutzt, zum Beispiel wenn ein Arbeitsloser „Hartzer" genannt wird oder Rebellen als „Terroristen" oder „Vaterlandsverräter" bezeichnet werden.

Emphase

Eine Aussage wird durch die Betonung verstärkt. Für das Konkrete wird jedoch ein allgemeiner Begriff verwendet. Durch das Hervorheben und Verdeutlichen eines Wortes, erhält dieses einen neuen, weiteren Sinn.
Beispiele: *Eine Frau erkennt das!* Oder: *Ich möchte doch einfach nur leben!*

Epipher
Die Wiederholung eines Wortes oder einer Wortgruppe am Ende aufeinander folgender Sätze oder Verse. Dadurch wird die Aussage verstärkt.
Beispiele: *Sir Mortimer, Ihr überrascht mich nicht, erschreckt mich nicht. Auf solche Botschaft war ich schon längst gefasst.* (Friedrich Schiller, Maria Stuart).
Oder: *So setzt du dich nicht an den Tisch, niemand setzt sich so an den Tisch.*

Euphemismus
Eine Aussage wird beschönigt, ein Sachverhalt wird verharmlost und erscheint dadurch unbedeutender. Durch Abmilderung, Huldigung oder Verschleierung kann der Empfänger der Botschaft beeinflusst werden.
Beispiele: Anstatt „schlecht" zu sagen, wird das Wort „suboptimal" verwendet oder „bildungsfern" anstatt „dumm".

Hyperbel
Eine starke Übertreibung, um eine gesteigerte Gefühlsintensität zu erreichen. Zum Beispiel: *Er ist schnell wie der Blitz.*
Übertriebene Aussagen können einen komischen Effekt haben und Comedians nutzen das zur Herausarbeitung der Pointe.
Zum Beispiel: *Chuck Norris isst keinen Honig, er kaut Bienen.*
Auch Vergleiche werden eingesetzt in Verbindung mit einer Unmöglichkeit, wie zum Beispiel: *Der Mann musste unendlich lang auf seinen Termin warten.*

Ironie
Eine Aussage, die etwas anderes oder das genaue Gegenteil von dem trifft, was sie oberflächlich betrachtet darstellt. Sender und Empfänger müssen über den denselben Erfahrungshorizont verfügen, sonst kann es passieren, dass das Gesagte wortwörtlich genommen wird.
Beispielsweise fällt jemandem ungewollt ein Teller vor die Füße eines anderen und zerspringt. Daraufhin der andere: *Na, super! Das hast Du ja toll gemacht!* Oder: *Das ist ja eine schöne Bescherung!*

Klimax
Eine Reihung von Wörtern oder Sätzen, die eine steigende Aussageintensität aufweisen. Vom weniger Wichtigem zum Wichtigen oder vom Kleinsten zum Größten, vom Allgemeinen zum Besonderen, vom weniger Bedeutsamen zum Bedeutsamen.
Beispiele *Erst erobern wir Amerika, dann den Rest der Welt und am Ende unser ganzes Sonnensystem.* Auch die Alliteration
veni, vidi, vici – Ich kam, ich sah, ich siegte (Gaius Julius Caesar) stellt eine Klimax dar.

Metapher

Eines der Stilmittel, das am häufigsten zu finden ist. Es ist eine Verbild-
lichung von Sachverhalten, zwei Vorstellungen werden miteinander
verbunden. Sie erschließen sich meist nicht aus sich selbst, sondern
setzen ein kulturelles Wissen voraus.

Zum Beispiel: *von uns gehen* steht für sterben oder *jemandem das Herz
brechen* bedeutet eine Person zu verletzen, die einem vertraut hat.

Neologismus:

Die Schöpfung eines neuen Wortes, häufig durch die Kombination von
bereits bekannten Begriffen. Wenn das Wort bereits etabliert ist, ist es
im engeren Sinne nicht mehr als Neologismus zu betrachten.

Zum Beispiel: *ausrauben*; *Brunch*; *Laptop*; *Kulturpessimismus*.

Paradoxon

Eine überspitzte, absurde und scheinbar widersinnige Formulierung eines Gedankens, die meist einen höheren Wahrheitsgehalt enthält.

Zum Beispiel: *Weniger ist mehr*. Oder: *Ich weiß, dass ich nichts weiß*
(Sokrates).

Parallelismus

Die Wiederholung derselben Wortreihenfolge in Sätzen, die aufeinander folgen. Ein symmetrischer Aufbau und eine identische Abfolge der
Satzglieder. Werden Wörter wiederholt, ist dies eine zusätzliche Ver-
stärkung des Stilmittels.

Beispiele: *Das Wasser fließt, der Wind weht, die Blumen blühen*. Oder:
Schnell ist er hin, langsam kam er zurück.

Personifikation

Aus abstrakten oder allgemeinen Dingen werden Menschen oder Personen. Ein Tier, ein Gegenstand oder etwas Ähnliches handelt wie ein
Mensch oder weist menschliche Eigenschaften auf.

Zum Beispiel: *Vater Staat* oder *die Sonne lacht*.

Repetition

Ein Wort oder einzelne Satzglieder werden wiederholt, was eine verstärkende Wirkung hat.

Zum Beispiel: *Mein Gott, mein Gott, warum hast du mich verlassen?* O-
der: *Oh nein! Oh nein!*

Rhetorische Frage

Äußerlich unterscheidet sich eine rhetorische Frage nicht von einer gewöhnlichen Frage. Es ist jedoch eine Scheinfrage, denn es wird keine Antwort erwartet, da die Antwort auf der Hand liegt. Die rhetorische Frage dient also nicht einem Informationsgewinn, sondern drückt die Meinung des Fragestellers aus.

Beispiele: *Habe ich dir zu viel versprochen?* Oder: *Wie lange noch, Catilina, wirst du unsere Geduld missbrauchen?* (Cicero, Rede gegen Catilina)

Symbol

Eine vereinfachte und stellvertretende Darstellung eines Sachverhaltes oder eines Objektes. Allerdings muss die Darstellung keinen eindeutigen Rückschluss auf das Gemeinte liefern, daher setzt das Verstehen des Symbols kulturelles Wissen voraus. Beispiele sind das Kreuz als Symbol für das Christentum oder das Herz für die Liebe.

Vergleich

Zwei Begriffe oder Sachverhalte, die sich in einer oder mehreren Eigenschaften ähneln, werden durch *wie* oder *als* zueinander in Beziehung gesetzt. Beispiele: *schneller, als die Polizei erlaubt* oder *Herkules war so stark wie ein Stier.*

TIPPS

- Setze rhetorische Stilmittel akzentuiert ein.
- Widerstehe dem Drang, so viele wie möglich und nur um des Effekts willen zu verwenden.
- Studiere große Reden auf ihre rhetorischen Stilmittel.

2.3.3 Teammitglied Körper: Körperbewusstsein, Körpersprache, Stimme

Körpersprache verrät dem Kundigen viel – dem Nichtkundigen auch, nur ist dieser sich dessen nicht bewusst. Er reagiert unbewusst auf die körpersprachlichen Signale des Gegenübers.

Erinnern wir uns an eine Beobachtung, die wohl jeder in seiner Schulzeit gemacht hat: Es fiel schwer, jenen Lehrern zuzuhören, die mit monotoner Stimme und steif vornüber gebeugtem Oberkörper sprachen – so großartig, das was sie sagten, auch gewesen sein mag. Dagegen hingen wir den Lehrern an den Lippen, die mit lebendiger Stimmführung sprachen und sich natürlich-locker bewegten.

Was wir intuitiv schon vermuten, gilt auch in der Sozialforschung als erwiesen: die Überzeugungskraft eines Menschen wird in höherem Maße von seiner Stimme und Körpersprache bestimmt als von dem Inhalt seiner Aussagen.

Emotionen bestimmen den körperlichen Ausdruck und wir Menschen reagieren auf andere entsprechend dem, in welcher Weise unsere eigenen Emotionen angesprochen werden.

Es ist fast unmöglich, keine Gefühle in Stimme, Gestik und Mimik zu zeigen. Jede einzelne Geste hat eine Ursache und eine Wirkung. Wie sich unser Körper ausdrückt, entsteht zunächst immer unwillkürlich aus der jeweiligen Emotion heraus, die wir gerade empfinden. Passt die Körpersprache nicht zum inneren Gefühl, wird diese Widersprüchlichkeit von anderen empfangen, je nach Person und Situation mehr oder weniger bewusst.

Daher erkennen wir meistens intuitiv auch bei anderen, ob deren Mimik Gestik, und Bewegungen natürlich sind oder unnatürlich oder geradezu aufgesetzt. Das falsche Lächeln zum Beispiel. Wir wissen vielleicht nicht warum, aber wir spüren, dass das Lächeln unseres Gegenübers gerade nicht echt ist. Unser Unterbewusstsein nimmt in diesem Moment wahrscheinlich gerade auf, dass nur der Mund der anderen Person lacht, aber nicht die Augen. Oder genauer, dass die Muskulatur um die Augen, die die Lachfältchen verursacht, unbewegt bleibt.

Beobachtungen zeigen, dass Menschen in verschiedenen emotionalen Zuständen meist bestimmte Verhaltens- und Bewegungsmuster zeigen. Diese stammen aus unserem evolutionären Erbe. Entspannte Situationen beispielsweise erzeugen einen freundlichen Gesichtsausdruck, zwischendurch ein Lächeln, der Blickkontakt wird gesucht und gehalten, eine offene Armhaltung eingenommen. Das leichte Neigen des Kopfes zeigt die eigene Ungefährlichkeit, denn dem Gegenüber wird die empfindliche Halsschlagader offen gezeigt. Gelegentliches Hochziehen der Augenbrauen zeigt, dass dem Gespräch emotional gefolgt wird. Ein minimales Vorlehnen des Oberkörpers zeigt Interesse, gelegentliches Nicken zeigt Zustimmung oder Verständnis.

DEN ERSTEN EINDRUCK MACHT DER KÖRPER

Bei einem Auftritt vor anderen Menschen ist das *Priming* entscheidend: Es zählt der erste Eindruck – und der läuft zu einem Großteil über die Körpersprache. In Millisekunden wird unbewusst eine positive oder negative Entscheidung über dich gefällt. Alles Folgende wird dann durch diesen Erstfilter gesehen.

Dein Körper ist, zusammen mit deiner Stimme, also das Medium, das deine Gefühle (und in gewisser Weise auch Gedanken) nach außen transportiert. Das passiert, ob wir wollen oder nicht. Das heißt jedoch nicht, dass wir Körper und Stimme nicht auch zumindest teilweise steuern können – und beim Halten eines Vortrags auch sollten.

Manch einer mag hier einwenden, dass ein Steuern der Körpersprache die Authentizität zerstört und wie ein Schauspiel wirken kann. Eine solche Art von Steuern ist hier aber nicht gemeint. Es geht eher um steuern im Sinne von *das Steuer in der Hand halten*. Zum einen kann das unser Bewusstsein ohnehin nur zu einem Teil. Wahrscheinlich sogar zu einem geringen, denn Körperreaktionen wie schwitzen oder erröten unterliegen einfach nicht der Kontrolle des bewussten Denkens. Zum anderen kannst du dort, wo du tatsächlich Einfluss nehmen kannst, es so tun, dass du wahrhaftig und authentisch bleibst, nur eben mit mehr Bewusstsein darüber, wie du dich gerade bewegst.

Übernimmst du hingegen gar keine Steuerung deines Körperausdrucks, kann es für dich als Redner sehr schnell zu für dich und das Publikum unangenehmen Situationen kommen. Unter Anspannung können ungeahnte Übersprungshandlungen auftreten und sich eine negative Wirkung entfalten: Du bist nervös und plötzlich machst du viele hektische oder unnatürliche Bewegungen. Du spielst an deinem Ring, beginnst dich zu kratzen oder deine Augenlider blinzeln sehr schnell. Deine Sprechgeschwindigkeit nimmt plötzlich zu oder deine Stimme überschlägt sich. Das Publikum spürt diese Unsicherheit und wird ebenfalls unruhig.

Mit einer bewussten Körperwahrnehmung kannst du solche emotionalen Zustände wie Aufregung zwar nicht direkt in Luft auflösen, aber du kannst sie abfangen und unter deiner Kontrolle halten, während du zu den Zuhörern sprichst. Mit einiger Übung wird dies sogar automatisch geschehen. Wenn du dann wiederholt die Erfahrung gemacht hast, dass du trotz Nervosität kontrolliert und gleichzeitig authentisch

Durch Achtsamkeit schaffst du Bewusstheit. Und was dir bewusst ist, kannst du gestalten.

zu und mit dem Publikum sprechen kannst, wird sich auch die Nervosität selbst verringern.

Der bewusste Einsatz deines Körpers muss also keinesfalls ein Schauspielern und Vortäuschen sein. Betrachte deinen Körper wie ein Musikinstrument. Je besser du mit deinem Instrument umgehen kannst, umso direkter kannst du damit ausdrücken, welche Gefühle du mit der Musik (in diesem Fall: dem Inhalt deines Vortrags) verbindest und wie wichtig dir diese Musik ist.

Wie kannst du nun lernen, deinen Körper auf diese Weise als Instrument zu bespielen?

Wenn du einfach einzelne Gesten und Haltungen einübst und sie während deines Vortrags ausführst, obwohl das entsprechende Gefühl nicht da ist, wirst du nicht erreichen, dass die normalerweise mit der jeweiligen Geste verknüpfte Wirkung nun automatisch eintritt. Sicher gibt es einzelne Körpersprache-Elemente, die, gezielt eingesetzt, eine bestimmte Wirkung begünstigen: Eine kleine Berührung schafft Nähe und Vertrauen, sich aufplustern verlangt nach mehr Aufmerksamkeit des Gegenübers. Solche einzelnen Gesten können durchaus antrainiert werden, bis sie im Unbewussten verankert sind und von dort sich eines Tages als Körpersprache frei fließen. Dieser Weg schafft aber noch nicht die nötige Basis, von der aus du dich auf der Bühne insgesamt wirkungsvoll und gleichzeitig natürlich gebärdest.

Wie wir gesehen haben, wurzelt unser körperlicher Ausdruck in dem emotionalen Zustand, in dem wir uns gerade befinden. Der erste Schritt ist also, deine Körpersprache zu verstehen. Sprich: deinen Körper zu beobachten und dir Mechanismen sichtbar zu machen.

Vor dem bewussten Einsatz der Körpersprache kommt das Beobachten von Körper und Gefühlen.

Wenn du einmal erkannt hast, wo und wie bei dir eine Körpersprache entsteht, die auf andere negativ wirkt, kannst du als Zweites Wege finden, im betreffenden Moment darauf zu reagieren und gegenzusteuern. Im dritten Schritt kommt das Üben. Das neue Körperverhalten verfestigt sich zu einer Routine, sinkt ins Unbewusste und wird zu einem Teil von dir, ohne Anstrengung.

Vielen, auch Nicht-Rednern, ermöglicht diese Form des Körperstudiums, das erste Mal mit sich selbst in einen tieferen Kontakt zu kommen und ein Bewusstsein für die Zusammenhänge zwischen Emotionen und Körper zu erlangen.

Der Weg über das Verstehen hat auch den überaus wertvollen Umkehreffekt: Durch das achtsame Erforschen der Zusammenhänge von Gefühlen und Körper können sich Blockaden und Unsicherheitsgefühle offenbaren, die du genau betrachten, gezielt mit ihnen umgehen und langfristig auch auflösen kannst. Im Kapitel zum Mindset findest du im Abschnitt *Deine Einstellung zu dir selbst* Erklärungen und Tipps dazu.

Nun zur Praxis. Wie kannst du dich an ein besseres Körperbewusstsein – im wahrsten Wortsinn – herantasten?

Stelle oder setze dich an einen ruhigen Ort und fühle deinen Körper von unten nach oben durch. Arbeite dich dabei Zentimeter für Zentimeter vor. Versuche, körperliche Muster zu entdecken, wo spürst du Blockaden, wo Spannungen, wo Furcht? Wo fühlt sich dein Körper sicher und kraftvoll an? Wo entspannt oder neutral? Herrscht gerade ein bestimmtes Gefühl in dir vor? Wo in deinem Körper spürst du es und wie drückt es sich aus?

Nimm alles einfach nur wahr, ohne zu werten, ohne gegenzusteuern. Setze dich nicht unter Druck. Wenn du gedanklich abschweifst, kehre in Ruhe wieder zu deinem Körper-Erspüren zurück.

Wenn du möchtest, kannst du danach aufschreiben, was du wahrgenommen hast, in welchen Körperteilen oder -regionen du welche Gefühle, Empfindungen, Zustände beobachtet hast. Danach kannst du deine Wahrnehmungen erst einmal sacken lassen.

Diese Übung kannst du immer wieder durchführen, wann immer dir danach ist und du die Gelegenheit dazu hast. Gerade in Momenten, wo du dich buchstäblich in deiner Haut nicht wohl fühlst, mit einem unangenehmen Gefühl kämpfst, deine Gefühle nicht verstehst, kannst du dich mit dieser Art der Körperbeobachtung in eine gute Verbindung mit dir selbst bringen und sie zu einem Sicherheitsanker für dich machen.

Wenn du häufiger in achtsame Verbindung zu deinem Körper gehst, ermöglichst du dir in jedem Fall eine Basis von Körperbewusstsein, auf der du dich gezielt der Körpersprache und ihren Möglichkeiten zuwenden kannst.

Innerer Halt durch aufrechte Haltung

Wir können mit unseren Händen gestikulieren und eine intensive Mimik ausführen, wie wir wollen – ist unsere Körperhaltung schlaff und krumm, wird keine Gestik und Mimik ihre Wirkung entfalten.

Haltung kommt von *halten*: Du *hältst* deinen Körper, gibst ihm den *Halt*, der gebraucht wird, um die bevorstehende Anforderung zu meistern. Wenn gefühlte Last und Angst da sind, wird die Kraft darauf gelenkt, diese Gefühle aufzuhalten, fernzuhalten, unter Kontrolle zu halten … jedenfalls wird die Haltekraft auf die unangenehmen Gefühle verwendet und vom Körper abgezogen. Die Körperhaltung wird schlaff, der Oberkörper beugt sich leicht nach vorne. In solch einem Körperzustand kann die Energie nicht frei fließen.

Wenn dein Körper in einem solchen erschlafften und gebeugten Zustand ist, dann oftmals vermutlich, ohne dass du dir dessen bewusst bist. Zunächst solltest du also deine Körperhaltung betrachten und erspüren und dir dabei deine momentane Gefühlslage ansehen. Versuche dafür folgende Übung:

Stelle dich vor einen Spiegel, schließe aber zunächst die Augen. Erspüre innerlich, wie du stehst. Verändere zunächst nichts, nimm alles nur zur Kenntnis.

- Wie ist das Gewicht auf deinen Körperhälften verteilt?
- Befindet sich deine Hüfte in einer Linie über den Füßen oder ist sie nach vorne gekippt?
- Ist deine Wirbelsäule gerade oder gebeugt?
- Wie sind deine Schultern positioniert? Sind sie locker oder angespannt? Hängen sie nach vorne oder sind sie nach oben gezogen?
- Wie sitzt der Kopf auf dem Hals? In gerader Linie oder sind Hals und Nacken nach vorn gereckt? Neigt sich der Kopf zur Seite, nach hinten?

Nun erspüre, welches Gefühl gerade in deinem Körper vorherrscht. Erlaube dem Gefühl, auch wenn es ein unangenehmes oder störendes ist, einen Moment da zu bleiben, damit du es in Ruhe betrachten kannst. Erspüre, ob es sich gerade in den Körperteilen befindet, deren Haltung du soeben beobachtet hast. Erspüre, ob und wo noch andere Gefühle sich in den Körperteilen zeigen.

Jetzt kannst du die Augen öffnen. Sieh im Spiegel an, wie du stehst, und betrachte, ob und wie die eben erfühlten Positionierungen deiner Körperteile sich optisch erkennen lassen. Es ist sehr gut möglich, dass beim Erspüren sich an deiner Haltung unwillkürlich etwas geändert hat und es im Spiegel jetzt nicht ganz so aussieht, wie du es mit geschlossenen Augen empfunden hast. In dem Fall wirst du vermutlich die

Veränderung innerlich jetzt auch wahrnehmen können, wenn du noch einmal die Augen schließt.

Diesen Haltungs-Scan kannst du immer wieder durchführen. Du hast damit eine gute Grundlage, jederzeit deine aktuelle Körperhaltung zu erkennen und zu verstehen. Nach und nach wirst du Muster entdecken, wirst die Zusammenhänge deiner Haltung und deiner emotionalen Befindlichkeit erkennen.

Bei allen feinen individuellen Unterschieden, die es geben mag, ist die für eine Rede (und wahrscheinlich auch sonst im Leben) beste Haltung im Kern eines, nämlich aufrecht. Mit einer aufrechten Körperhaltung bist du gleichzeitig standhaft und flexibel, du hast die Möglichkeiten, verschiedene Gesten und Gesichtsmimik auszuführen, kannst für eine gezielte Bewegung auch kurz die aufrechte Haltung verlassen, aber jederzeit sofort wieder zu ihr zurückfinden. Du hast sie als Anker, eben als *Halt* für dein Agieren.

ÜBUNG FÜR EINE AUFRECHTE KÖRPERHALTUNG

• Stelle dich hüftbreit hin. Die Beine nicht verspannt durchgedrückt, ein wenig federnd, aber fest verankert im Boden. Das Gewicht ist auf beiden Füßen gleichmäßig verteilt. Spür die Füße auf dem Boden, fühl deine Erdung, fest verwurzelt. Du hast einen stabilen Stand.

• Führe die Arme nach oben und halte sie gestreckt über dem Kopf.

• Schüttele dich, lass die Arme nach unten fallen.

• Schüttele die Arme, balle eine Faust und spreize die Daumen nach vorne ab, dann dreh die Daumen nach außen, also mit der Spitze jeweils nach links und rechts von dir. Die Schultern werden dadurch zurückgezogen und die Wirbelsäule sollte sich aufrichten.

• Lasse Arme und Hände wieder locker. Stelle dir vor, dein Scheitel hängt an einem Faden und der wird sanft nach oben gezogen. Du stehst dabei weiterhin hüftbreit. Dein ganzer Körper richtet sich auf, die Brust kommt vor, Brust- und Herzbereich öffnen sich und die Schultern werden, dabei entspannt hängend, ein Stück nach hinten gezogen.

Diese Haltung entspricht einer gesunden Grundhaltung: von innen gehalten, entspannt und gleichzeitig offen. Die Lebensenergie, das, was in traditionellen chinesischen Lehren das Chi (oder Qi) genannt wird, kann jetzt frei fließen. Du stehst zwischen Himmel und Erde und verbindest alles mit dir.

Haltungsvariationen ausprobieren

Wenn du die aufrechte Grundhaltung gut kennst, kannst du aus ihr heraus Variationen erforschen und erproben. Dadurch bekommst du ein Gefühl dafür, welche Elemente verschiedener Körperhaltungen welche Wirkung haben, und zwar so, wie jedes Element für sich genommen ist, aber auch in der Kombination mit den anderen Haltungselementen und Mimikausdrücken. Beispielsweise drückt ein zur Seite geneigter Kopf kombiniert mit zusammengezogenen Augenbrauen und verschränkten Armen Skepsis aus, während die gleiche Kopfneigung in Kombination mit einem Lächeln Flirtbereitschaft ausstrahlt.

Zwei-Posen-Übung

Um dir einen Eindruck zu verschaffen, wie sich verschiedene Haltungsvariationen für dich anfühlen und wie sie für Zuschauer ausschauen, kannst du diese Übung ausprobieren.

Stelle dich vor einen Spiegel und nimm nacheinander die folgenden zwei Posen ein.

Die erste Pose:
Beine weit auseinander, den Oberkörper leicht zurücklehnen, das Becken vordrücken, die Arme in die Hüften stemmen.
Wie fühlt sich diese Pose für dich an?
Sie wirkt dominant, arrogant und aggressiv. Die Pose kommt aus unserem archaischen unbewussten Fundus: Die breiten Beine signalisieren die Verteidigung deines Territoriums.

Nun die zweite Pose:
Füße nah beieinander, die Fußspitzen zueinander gedreht, Hüfte nach hinten, Arme hängen schlaff herunter.
Wie fühlt sich diese Pose für dich an?
Sie wirkt erschöpft, unsicher und devot. Du signalisierst: Von dir geht keine Gefahr aus, der Territorial-Verteidiger hat dich nicht zu fürchten.

Geändert hast du nur drei Dinge in der Haltung, aber wahrscheinlich stellst du fest, es liegen Welten zwischen dem Gefühl, das dir die zwei Körperhaltungen jeweils vermitteln.

Jetzt zwei Posen, wo du nur ein Element in der Haltung änderst und damit ebenfalls ein völlig anderes Ergebnis erhältst.

Erste Pose:
Füße eng zusammen, gehe etwas in die Knie, lass die Arme hängen und halte die Hände übereinander auf dem Unterbauch. Neige deinen Kopf nach unten.
Emotionaler Zustand: Erschöpft, demütig, resigniert.

Zweite Pose
Die gleiche Haltung – hebe jetzt den Kopf schräg nach oben und blicke, als würdest du jemand größeren anschauen.
Emotionaler Zustand: Selig, verliebt, schmachtend.

Spielerisch kannst du dir weiter über Emotionen bewusst werden und wie sie sich körperlich zeigen: Suche dir einen Partner und fordert euch gegenseitig auf, emotionale Zustände (verliebt, ängstlich, wütend, …) körperlich darzustellen. Dabei darf sich zuerst nur das Gesicht bewegen, der Körper steht still, und dann genau umgekehrt. Bestimme die körperlichen Merkmale und Haltungen, die den jeweiligen emotionalen Zustand ausdrücken.

Haltungen und Posen im Vortrag anwenden

Wenn du dich mit Haltungen, Gesten und Bewegungen vertraut machst, dir ansiehst, welche Gefühle ihnen jeweils zugrundeliegen und welche Wirkungen sie haben, kannst du bei deiner Rede einzelne Haltungs- und Bewegungselemente gezielt einsetzen, um bei deinen Zuhörern die entsprechende Wirkung zu erzielen. Hier sind Beobachten und Erfahrungen Sammeln wichtig. Du kannst die Gesten, die wiederholt deiner Absicht entsprechend funktionieren, sammeln und dir auf diese Weise ein körpersprachliches Repertoire erarbeiten.

Wenn du für das Publikum erkennbar machst, dass du gerade ein Gefühl oder eine Stimmung *darstellen* willst, kannst du eine Haltung oder Geste auch als Stilmittel einsetzen. Beispielsweise hältst du einen Vortrag zum Thema Stressbewältigung und schilderst gerade, wie ein Mensch sich in einer Stresssituation fühlt, dann kannst du deine verbale Schilderung mit gequältem Gesichtsausdruck, fahrigem Hin-und-her-Gehen und weiteren stresstypischen Bewegungen untermalen und musst dafür nicht selbst gerade tatsächlich Stressgefühle empfinden.

Wichtig ist, dass deine Körperbewegungen während deines Vortrags insgesamt stimmig sind und nicht in krassem Gegensatz zu dem stehen, was du in Bezug auf das fühlst, das du gerade aussprichst.

Besonders grotesk kann es werden, wenn angeblich spontane Emotionen zu falsch einstudierten Bewegungen und Regungen führen.

Zum Beispiel: Redner A sieht während seines Vortrags, dass am anderen Ende der Bühne jemand kommt und ihm ein frisches Glas Wasser hinstellt. Der Redner verspürt spontane Freude über die Aufmerksamkeit. Er bewegt sich lächelnd auf die Wasser bringende Person zu und sagt dann etwas wie: „Das ist sehr nett, vielen Dank."

Redner B hat den Auftritt der Wasser bringenden Person als Auflockerungselement seiner Rede geplant. Er sieht die Person mit dem Wasserglas auf die Bühne kommen, bleibt stehen, wo er ist, sagt mit neutralem Gesichtsausdruck: „Oh, das ist aber nett", fängt danach an zu lächeln und sich in Richtung der Person zu bewegen.

Würdest du Redner B abnehmen, dass er spontane Freude empfindet? Vermutlich eher nicht. Du spürst, dass irgendwas nicht stimmt. Falsche Reihenfolge. Nicht authentisch. Redner B hat nicht beachtet, dass eine von einer spontanen Emotion erzeugte Bewegung immer *vor* der verbalen Äußerung kommt. Selbst in Fällen, wo beides scheinbar gleichzeitig erfolgt, setzt die körperliche Reaktion immer, und sei es nur um Sekundenbruchteile, früher ein als die verbale.

Dass du einzelne Haltungen, Posen und Gesten in deiner Rede einsetzen kannst, ist aber nur ein Aspekt, warum du die Emotion-Bewegung-Wirkung-Mechanismen kennenlernen und erproben solltest. Ein weiterer wichtiger Nutzen ist, dass eine Sensibilität für deine eigene Körpersprache dich während deines Vortrags bemerken lässt, wenn dein Körper gerade etwas aussagt, das du gar nicht willst. Wenn du beispielsweise dem Publikum sagen willst, wie sehr du dich freust, heute vor ihm zu stehen, deine Füße aber in diesem Moment nach innen gedreht stehen und dein Hals eingezogen ist, wird dir auffallen: Dein Körper sagt etwas anderes als deine Worte. Du wirst sofort deine Haltung so verändern, dass auch dein Körper die Freude widerspiegelt, von der du sprichst, und das Publikum wird dich als glaubhaft und authentisch erleben.

Übe Deine Rede, sooft du kannst, und zeichne sie zur Analyse deiner Körpersprache mit einer Videokamera auf. Es wird dir helfen, mögliche Schwächen der Rede, der Körpersprache und der Stimme herauszufinden. Das Üben vor dem Spiegel kann dies nicht ersetzen. Entgegen landläufiger Meinung ist das menschliche Gehirn nicht multitaskingfähig. Du kannst dich immer nur auf eine Sache im jeweiligen Moment konzentrieren. Somit kannst du nicht sprechen und dich dabei gleichzeitig analysieren. Unbewusste parallele Handlungen sind natürlich möglich, wie dies zum Beispiel beim Autofahren geschieht. Aber genau diese willst du ja sehen, wenn du deine Performance analysierst.

BESTE KÖRPERVORBEREITUNG FÜR DAS REDENHALTEN: TANZEN UND SINGEN

(Paar-)Tanzen und Singen – wenn du dich dafür begeistern kannst, dann lerne es und übe regelmäßig.

Tanzen gilt als Bewegungsart, die alle Aspekte von Körper und Geist aktiviert und die Koordination steigert. Auch mit vermeintlich weniger Talent tust du dir etwas Gutes, wenn du häufig für dich selbst tanzt.

Mit häufigem **Singen** kannst du die Fähigkeiten deiner Stimme verbessern und dich und deinen Körper besser kennenlernen. Zudem stärkt Singen durch die erhöhte Produktion von Serotonin und den Abbau von Stresshormonen wie Cortisol die Psyche.

Beine, Arme, Hände, Blickkontakt und Lächeln

Du hast gerade erfahren, dass eine aufrechte, bewusste Körperhaltung die Grundlage für all dein körperliches Agieren während deines Vortrags ist und dass du von ihr ausgehend einzelne Haltungs- und Bewegungsvarianten einüben kannst.

Doch auch wenn du gerade keine spezifische Geste ausführst, hast du deine Beine, Arme, Hände und dein Gesicht immer bei dir. Um sie nicht der Gefahr von Übersprungsbewegungen auszusetzen, ist es sinnvoll, sich im Vorfeld Gedanken darüber zu machen, wie du deinen Körper, über die aufrechte Haltung hinaus, natürlich und unterstützend einsetzt, und dies zu üben.

Wenn du dir über die Arm-, Hand- und Beinhaltungen bewusst wirst, die beim Halten eines Vortrags günstig sind, und sie in deinen Alltagsbegegnungen übst, wirst du wahrscheinlich feststellen, dass du dich auch in alltäglichen Gesprächen mit mehr Selbstsicherheit bewegst und mit mehr Lockerheit kommunizierst.

Beine

Die Beine gehören, außer wenn du sitzt oder gehst, zum Stand, also zur aufrechten Haltung. Steh so da, wie es die Situation erfordert. Fühle dich fest verwurzelt mit dem Boden, aufrecht, die Beine aber nicht komplett durchgedrückt. Deine Fußspitzen zeigen Richtung Publikum, so wirst du auch automatisch deinen Oberkörper Richtung Publikum ausrichten und damit eine offene Haltung einnehmen.

Grundsätzlich kannst du darauf achten, hüftbreit und nicht schulterbreit zu stehen. Zu weit auseinanderstehende Beine haben etwas von einem Cowboy, der sich duellieren möchte. Überkreuze die Beine im Stehen nicht, das signalisiert Verschlossenheit und gibt dir zudem einen unsicheren Stand.

Falls du längere Zeit sprechen musst, kannst du natürlich nicht die ganze Zeit im Stand verharren. Für deinen Vortrag ist es zudem sehr sinnvoll, von Zeit zu Zeit etwas Bewegung in deinen Körper zu bringen. Du lockerst deine Muskeln und Gelenke auf und auch das Gehirn arbeitet besser, wenn der Körper in Bewegung kommt. Zudem bekommt das Publikum ein wenig Abwechslung in das Bild, das sich ihm von dir aus darbietet.

Je nach Art und Setting des Vortrags kannst du dich vielleicht nicht im Raum bewegen, etwa wenn du hinter einem Pult stehst. In diesem Fall kannst du aber, beispielsweise im Zuge einer Armgeste, dein Gewicht etwas auf ein Bein verlagern und dann wieder in die gleichmäßige Gewichtsverteilung zurückgehen.

Falls die Gegebenheiten erfordern, dass du deinen Vortrag im Sitzen hältst, übe im Alltag, die Beine nicht übereinanderzuschlagen. wenn du sitzt. Diese Beinhaltung ist hinderlich für eine gute Blutzirkulation, und auch für eine bessere Präsenz im Hier und Jetzt ist es besser, wenn beide Füße mit dem Boden verbunden sind.

Wenn du in deinem Rede-Setting Bewegungsfreiheit hast, ist es sinnvoll, immer wieder einige Schritte zu gehen. Wenn du diese Möglichkeit bei deiner bevorstehenden Rede haben wirst, lohnt es sich, im Vorfeld auszuprobieren und zu üben, wie du dich beim Gehen während des Sprechens am wohlsten fühlst und wie es auf andere wirkt. Übe ein gleichmäßiges Gehen. Lege beim Ausprobieren Augenmerk darauf, ob du in aufgeregtem Zustand schneller wirst oder dein Gegenüber vergisst und dich von ihm abwendest. Beidem solltest du durch Übung vorbeugen, während du dich auf deinen Vortrag vorbereitest.

Überlege dir auch, an welchen Stellen in deiner Rede es dramaturgisch wichtig wäre zu stehen. Wenn du beispielsweise nach einer Argumentationskette zu einer prägnanten Feststellung kommst, solltest du diese dem Publikum nicht im Gehen – also im besten Wortsinn beiläufig – präsentieren.

Generell solltest du Vorsorge treffen, dass du während der Rede nicht vor Nervosität ununterbrochen hin und her gehst. Gehen ohne Pause kann leicht so wirken, als ob du innerlich am liebsten aus der Situation fliehen würdest. Wenn du pausenlos herumgehst, ist deine innere Unruhe außerdem unterbewusst wahrnehmbar, es kann sehr schnell passieren, dass die Unruhe auf das Publikum übergeht. Seine Aufmerksamkeit für deine Worte ist dann sofort herabgesenkt.

Plane mehrere konkrete Stellen innerhalb deines Vortrags, bei denen du in der Ausgangsposition der aufrechten Standhaltung sein wirst. Markiere dir diese Stellen in deinem Manuskript mit einem Zeichen, um dich daran zu erinnern.

Arme

Arm- und Handbewegungen sollten auf natürliche Art und Weise deine Rede unterstützen.

Achte darauf, dass deine Armhaltung offen ist und keine Barriere bildet. Ein Zuhörer mit verschränkten Armen signalisiert nicht immer Ablehnung, ein Redner mit verschränkten Armen aber schon. Das Arme-Verschränken mag ein Gefühl der Sicherheit und Stabilität für einen selbst verschaffen, für den anderen signalisiert es meist Maueraufbau und eine verschlossene Haltung. Abmildern kannst du diese Haltung, indem du eine Hand zum Kinn führst und sie dort hältst. Auch diese abgemilderte Armhaltung solltest du aber nicht allzu lange beibehalten, denn du schränkst dich sonst selbst ein und lässt die Ausdrucksmöglichkeiten deiner Armbewegungen ungenutzt.

Arme bewegen bedeutet alle drei Gelenke zu benutzen, also das Schultergelenk, das Ellenbogengelenk zur Bewegung der Unterarme und das Handgelenk für die Hände. Scheue dich nicht, den Raum zu nutzen, aber achte darauf, dass die Größe deiner Armbewegungen dem Inhalt und der Bedeutsamkeit der Worte angemessen ist, die du gerade sprichst. Ständige ausladende Armbewegungen haben eher die Wirkung von übertriebener Theatralik.

Für die zentrale Aussage deiner Rede kannst du eine passende Arm- und Handbewegung herausfinden, die du bei dieser Aussage akzentuierend einsetzt.

Hände

Wohin mit den Händen? Die Frage stellt sich selten im Alltag, aber auf der Bühne gewinnt sie plötzlich an Gewicht. Die Hände sind vor Aufregung schweißnass und müssen beschäftigt, aber hoffentlich keinem zur Begrüßung entgegengestreckt werden.

Es gibt einige Handbewegungen, die bei einer Rede ungünstig wirken: Hände aneinander reiben, hinter dem Rücken oder in den Taschen verstecken, teilnahmslos herunterhängen lassen, sie igelartig ineinander verschränken, den Zeigefinder auf andere oder oberlehrerhaft nach oben richten ... die Liste ist hier leider ziemlich lang.

Auch die Handraute, die zwar Fokussierung ausstrahlt und auf das Gegenüber beruhigend wirkt, sollte bei einem Vortrag lieber nicht verwendet werden. Sie wird mittlerweile (nicht nur) in Deutschland zu stark mit Angela Merkel assoziiert.

Du kannst das Risiko, dass du ungewollt ungünstige Handbewegungen ausführst, erheblich verringern, wenn du auf zwei Dinge achtest:

1. Halte deine Hände oberhalb der Gürtellinie.
Euphorische Arm und Handbewegungen finden nicht unterhalb der Gürtellinie statt. Versuche einmal, mit hängenden Armen und Händen über ein Fußballtor zu jubeln.

2. Halte die Handinnenflächen beim Reden tendenziell nach oben geöffnet.
Dies entspricht einer positiven, offenen inneren Haltung. Du zeigst, du hast nichts zu verbergen. Handflächen, die nach unten zeigen, werden eher als dominante Geste empfunden.
Mach die Probe aufs Exempel und fordere eine Person auf, sich von einem Punkt A zu einem Punkt B zu bewegen, einmal mit der einen, dann mit der anderen Variante. Du selbst und die andere Person werdet den Unterschied spüren. Mit der Handfläche nach oben wirkt es einladend und freundlich, mit der Handfläche nach unten hat es etwas Schiebendes und Unduldsames an sich.

Von Dominanzgesten solltest du gegenüber deinen Zuhörern generell Abstand nehmen. Dazu gehört zum Beispiel, die Hände in die Hüften zu stemmen. Interessanterweise sind Dominanzgesten, die einen größer und mächtiger erscheinen lassen sollen, oft sogar unbewusste Haltungen der inneren Schwäche. Du fühlst dich vielleicht in dem Moment klein oder spürst, dass du zu wenig Einfluss auf die Situation hast, und setzt eine Dominanzgeste ein. Dein Gegenüber aber empfindet dich als bedrohlich, spürt gleichzeitig unterschwellig deine Unsicherheit und wird entsprechend reagieren.

Für dich allein kannst du Dominanzgesten allerdings als Powerposen nutzen. Mit ihnen kannst du dich, *bevor* du auf die Bühne gehst, in ein selbstsicheres Körpergefühl bringen. Wenn du eine Körperhaltung einnimmst, die dich größer und stärker fühlen lässt, werden bereits nach dreißig Sekunden Botenstoffe von deinem Körper ausgesendet, die dein Wohlbefinden verbessern. Ein Beispiel für eine solche Powerpose ist: Etwas mehr als hüftbreit hinstellen und beide Arme wie ein V in die Luft strecken, die Handflächen zeigen nach vorne-oben, die Ellenbogen sind gestreckt.

Blickkontakt
Wohin schaust du am besten während deiner Rede? Die Augen sind das Tor zur Seele, so heißt es. Und damit ist die Frage schon beantwortet: Du schaust in die Augen deines Gegenübers.
Der Blickkontakt ist eines der stärksten körpersprachlichen Signale. Ein Blickkontakt schafft Verbindung, kann eine Botschaft

transportieren, zeigt deine Aufmerksamkeit. Ist dir jemand wichtig, dann schaust du die Person auch an. Wenn du die Aufmerksamkeit deines Gesprächspartners in einer Gesprächsrunde möchtest, nenne seinen Namen und der Blickkontakt wird erwidert.

Wer wegschaut, zeigt Schwäche, Unsicherheit oder Desinteresse, wer aber zu lange unbewegt jemanden anschaut, der starrt – und Anstarren wird als Angriff empfunden. Die optimale Blickkontaktdauer liegt zwischen drei und fünf Sekunden.

Hast du ein großes Publikum, kannst du natürlich nicht jede Person im Saal einzeln anschauen. Um den Menschen aber das Gefühl zu geben, dass sie alle angesprochen sind, gibt es das WM-Verfahren: Du suchst dir Blickkontakt-Personen im Publikum nach dem Muster des Buchstaben W, und nach einiger Zeit wechselst du zum Buchstaben M. Für das W beginnst du mit einer Person hinten links im Publikum, suchst dann eine im linken Bereich der vorderen Reihen, eine dritte in der Mitte, eine vorne rechts und eine ganz hinten rechts. Zwischen diesen Personen lässt du deinen Blick kreuz und quer wandern. Nach einiger Zeit wechselst du den Buchstaben, schaust also zu den Personen, die du dir als die Eckpunkte eines M herausgesucht hast.

Großes Publikum: Nutze das WM-Verfahren.

Wenn du starkes Lampenfieber hast und dich Freunde zum Vortrag begleiten, versuche es mit diesem Trick: Platziere deine Freunde nach dem WM-Muster im Saal. Halte deine Rede für diese Freunde, schau sie an, wie oben beschrieben. Dies sollte den Adrenalinspiegel ein wenig senken und dich entspannter werden lassen.

Vergewissere dich vor deiner Rede, ob du Rahmenbedingungen hast, in denen du das WM-Verfahren anwenden kannst. Es funktioniert nur in Räumen, in denen du die Personen im Publikum auch sehen kannst und sie dich, wenn also Bühne und Saal mehr oder weniger gleich ausgeleuchtet sind.

Wenn du noch nie auf einer, zum Beispiel für Fernsehaufnahmen, hell ausgeleuchteten Bühne gestanden hast, wirst du vielleicht unangenehm überrascht sein, wie wenig bis gar nicht du dein Publikum siehst. Zu hell sind die auf dich gerichteten Scheinwerfer. Wenn du lichtempfindliche Augen hast, kann dies tatsächlich zu Irritationen führen, achte daher darauf, nie in die Scheinwerfer zu schauen.

Kannst du im Publikum keine Gesichter einzeln sehen, solltest du trotzdem nicht über die Sitzblöcke hinweg irgendwo ins Leere blicken. Wenn du deinen Blick trotz Dunkelheit in den Publikumsbereich richtest, wird er auf die Entfernung automatisch immer wieder die Gesichter einzelner Menschen treffen, auch wenn du es selbst nicht sehen kannst.

TIPPS FÜR DEN BLICKKONTAKT

• Anschauen, aber nicht anstarren
• Ist dir der direkte Blickkontakt unangenehm, schau auf einen Punkt zwischen Nase und Pupille deines Gegenübers.
• Schau ein großes Publikum im WM-Verfahren an.

Lächeln

Lächeln ist eine äußerst wirkungsvolle Mimik, ein Kommunikationsmittel von unschätzbarem Wert.

Was geschieht mit dir, wenn dich jemand anlächelt? Du lächelst, ohne nachzudenken, zurück. Es gibt dir ein gutes Gefühl, du spürst, dass keine Gefahr droht. Das Lächeln der anderen Person transportiert deren positiven Gefühle zu dir und du nimmst sie auf. Dass du empfinden kannst, was andere empfinden, sei es Trauer oder Freude, hat mit den Spiegelneuronen zu tun. Spiegelneuronen sind ein Resonanzsystem im Gehirn, das Gefühle und Stimmungen anderer Menschen beim Empfänger zum Erklingen bringt, indem sie Signale in seinen Körper bereits aussenden, wenn er eine Handlung nur beobachtet. Die Nervenzellen reagieren, als ob man das Gesehene selbst ausgeführt hätte.

Dein Lächeln ist also eine wichtige, wenn nicht die wichtigste Mimik für dich als Redner. Mit Lächeln stellst du bei deinem Vortrag Verbundenheit mit dem Publikum her und schaffst eine positive Stimmung. Willst du mit einem Lächeln andere erreichen, muss es ein echtes, ein deinen Gefühlen entsprungenes Lächeln sein.

Ein Lächeln, das von innen kommt, ist sogar hörbar. Obwohl wir zum Beispiel den Radiomoderator nicht sehen können, hören und spüren wir, ob seine gute Laune echt oder nur gespielt ist. Wird ein Lächeln nicht durch Gefühle, sondern Willkür erzeugt, so bewegt sich meist nur der Mund, aber nicht die Muskulatur um die Augen. Ein bewusst aufgesetztes Lächeln baut sich abrupter auf und klingt auch weniger sanft wieder ab als ein spontanes Lächeln. Solche Unterschiede werden von anderen aufgenommen, auch wenn oftmals unbewusst. Wenn dein Lächeln als unecht interpretiert wird, kann es dann sogar das Gegenteil von dem bewirken, was du beabsichtigst.

Auch verliert das Lächeln seine Wirkkraft, wenn ein Redner während seines Vortrags ununterbrochen lächelt. Oftmals ist ein ständiges oder extrem häufiges Lächeln eine unwillkürliche Körperreaktion auf Gefühle von Aufregung und Unsicherheit. Dieses Phänomen wird nervöses Lächeln genannt. Es wird normalerweise von anderen, wie auch das bewusst aufgesetzte Lächeln, als nicht echtes Lächeln empfunden. Gerade mit der Situation, vor anderen zu sprechen, sind nun aber eben diese Unsicherheitsgefühle üblicherweise verbunden, die nervöses Lächeln schnell entstehen lassen können. Wenn du merkst, dass nervöses Lächeln bei dir auftritt, solltest du nicht krampfhaft versuchen, es zu unterdrücken, denn damit würdest du deine Energie in einen Kampf gegen deine Gefühle fließen lassen. Dich selbst auch mit dieser Facette zu akzeptieren, gibt dir am ehesten die Gelassenheit, die einen entspannten – und damit zu authentischem Lächeln fähigen – Gesichtsausdruck bewirkt. Um nervöses Lächeln zu reduzieren, sind deshalb Techniken hilfreich, mit denen du die zugrundeliegende Nervosität und Unsicherheit vor dem Auftritt lindern kannst. In Teil B findest du im Abschnitt ab Seite 103 viele Tipps und Übungen dafür.

Interessanterweise kann ausgerechnet ein unechtes Lächeln ein Trick sein, echte Wohlgefühle in deinem Inneren herbeizuführen – wenn du es nur für dich selbst aufsetzt. Unser Gehirn macht es möglich, dass wir unseren Körper durch ein bewusst erzeugtes Lächeln auffordern können, Glückshormone freizusetzen.

Diese Möglichkeit kannst du vor einem Auftritt, und generell im Leben, nutzen und dich selbst in einen besseren Gefühlszustand bringen: Bewege deine Gesichtsmuskeln bewusst hin zu einem Lächeln. Versuche, die Wangen so hoch wie möglich nach oben zu ziehen. Diese Position halte eine Minute. Vielleicht sieht es mehr wie ein breites Grinsen aus, doch auch wenn du kein echtes Lächeln um die Augen hinbekommst, schüttet der Körper Glückshormone aus, die Stressempfinden und sogar Schmerzen abschwächen können.

DAMIT DU BEIM VORTRAG NICHT VERGISST ZU LÄCHELN

Manche Menschen werden automatisch sehr ernst, wenn sie eine Ansprache halten müssen. Wenn du zu diesen Menschen gehörst, ein Tipp, damit Du das Lächeln nicht vergisst: Zeichne dir einfach in dein Manuskript auf jede Seite einen Smiley oder ein anderes Zeichen deiner Wahl, das dich ans Lächeln erinnert. ☺

2.3.4 Exkurs: Schüchternheit und Angst vor Erröten

Menschen, die schüchtern sind oder darunter leiden, dass sie häufig erröten, empfinden es vermutlich nicht als einfach, Körper-Tipps in die Praxis umzusetzen – gerade beim Sprechen vor Publikum. Sie machen immer wieder die Erfahrung, dass ihr Körper in entscheidenden Momenten macht, was er will: Die Stimme wird leiser, die Bewegungen kleiner. Blut läuft in den Kopf, und sobald es klar ist, *ich werde gerade rot*, steigern sich Schamgefühle und Nervosität sogar noch mehr, und an ein lockeres Körpergefühl ist nicht mehr zu denken. Ein Teufelskreis.

Solltest du bei Schüchternheit und Angst vor Erröten es also meiden, Reden zu halten? Die Antwort ist ganz klar: nein.

Sicherlich ist für eine schüchterne Person die Herausforderung höher: Die eigene (vermeintliche) Schutzzone muss verlassen, der oben beschriebene Teufelskreis erst durchbrochen oder überwunden werden. Ist dies jedoch einmal gelungen, ist der Zugewinn viel höher als für jemanden, dem es von Anfang an leicht fällt, vor Menschen zu sprechen.

Schüchternheit

Zunächst ist es wichtig, die eigene Schüchternheit individuell zu betrachten und einzuordnen. Auf den ersten Blick scheint es keine großartigen Unterschiede zu geben. Ein Mensch, der sich zurückhaltend verhält und unsicher agiert, wird gemeinhin einfach als schüchtern bezeichnet und ordnet sich oft auch selbst in diese Kategorie ein. Doch es macht einen Unterschied, woher schüchternes Verhalten kommt.

Von Natur aus schüchtern oder gehemmt durch Selbstzweifel?

Manche Menschen scheuen es, vor anderen zu sprechen, obwohl sie vom Naturell her nicht unbedingt introvertiert und ruhig sind. Sie sind nicht von Natur aus schüchtern, fühlen sich in einer Situation, in der sie von anderen angeschaut werden, aber sehr unsicher, sodass sie dann nicht aus sich herauskommen können. Wenn die Erfahrung gemacht wurde, in solchen Situationen (vermeintlich) schlecht angekommen zu sein, nehmen solche Menschen schnell zum Anlass, sich nicht nur als Redner, sondern als ganze Person ungenügend zu fühlen.

In diesem Fall ist die Schüchternheit eher eine Reaktionsweise auf den negativen Glaubenssatz, man könne Erwartungen nicht erfüllen, die von außen gestellt würden. Eine solche Form von Schüchternheit wurde im Laufe der Biographie erworben, oftmals dadurch, dass das Selbstwertgefühl verletzt oder von klein auf gar nicht erst vermittelt wurde.

Es gibt auch Menschen, die von Natur aus ruhiger und in sich gekehrter sind und deren Drang, sich vor anderen zu präsentieren, einfach weniger ausgeprägt ist – und die sich im Alltagsleben damit insgesamt durchaus wohlfühlen. Im Mittelpunkt zu stehen ist für sie einfach nicht reizvoll, sie suchen solche Situationen nicht. Wenn es doch mal dazu kommt, fühlen sie sich vielleicht unsicher und agieren unbeholfen. Sie stellen in Frage, gerade an der richtigen Stelle zu sein, jedoch stellen sie nicht sich selbst und ihren Charakter in Frage. Sie wissen, dass sie gut so sind, wie sie sind.

Hast du das Gefühl, dass deine Schüchternheit dir für das Halten eines Vortrags im Weg steht, kläre zunächst für dich, inwieweit die Schüchternheit zu deinem Naturell gehört und inwieweit du durch negative Erfahrungen Hemmungen entwickelt hast. In beiden Fällen kannst du etwas dafür tun, um dir mehr Sicherheit für das Sprechen vor anderen zu erarbeiten. Du kannst dir selbst eine große Anerkennung schon allein dafür zollen, dich deiner Schüchternheit zu stellen und an ihr zu arbeiten.

Wenn du feststellst, dass deinen Schwierigkeiten, vor anderen zu sprechen, Verletzungen deines Selbstwertgefühls zugrunde liegen, sollte die Neuausrichtung deines Mindsets der erste Schritt sein. Lies hierzu den Abschnitt ab Seite 18 in diesem Buch.

Entdeckst du, dass deine Unsicherheit dich im Leben generell hemmt und von komplexeren, tiefer liegenden Themen verursacht ist, kann eine Psychotherapie langfristig und nachhaltig am besten helfen. Interpretiere es nicht als Schwäche, eine Therapie zu machen. Im Gegenteil: Es ist ein Zeichen von Mut, Stärke und Eigenverantwortlichkeit, für sich selbst gut zu sorgen und, wo nötig, sich dabei fachkundig helfen zu lassen.

Als Mensch, dessen Schüchternheit eher im angeborenen Temperament als in Selbstzweifeln zu verorten ist, kannst du gezielt üben, deine zurückhaltende Art für Rede-Situationen vorübergehend zu verlassen. Sieh dir dazu die Tipps im Kasten auf der nächsten Seite an.

Egal ob von Natur aus schüchtern oder gehemmt durch negative Erfahrungen, habe in jedem Fall Geduld mit dir selbst. Du hast nichts zu verlieren. Du kannst aber an Erfahrungen gewinnen und Stück für Stück mutiger und freier werden. Du wirst dich neu kennenlernen und es ergeben sich neue Bekanntschaften und Möglichkeiten. Du wirst feststellen, dass du deinen Mut trainieren kannst, er ist wie ein Muskel, je regelmäßiger du ihn trainierst, desto stärker wird er werden.

ÜBUNGEN BEI SCHÜCHTERNHEIT

Übe in Alltagssituationen, dich zu überwinden und aus deiner Komfortzone zu kommen.

• Das Springen über den Zaun der Schüchternheit ist nicht leicht, versetze dich deshalb mit Powerposen (siehe Seite 71) in einen guten körperlichen Zustand, bevor du in eine Übungssituation gehst.

• Fange einfach an und suche dir Situationen, die ungefährlich und unverfänglich sind. Sehr gut eignen sich Begegnungen mit Fremden, denn sie kennen dich nicht, wissen nicht, dass du schüchtern bist, sind hinterher nicht in deinem Leben.
Frage nach dem Weg (auch wenn du ihn kennst), bitte um ein Taschentuch, sprich jemanden auf seine schönen Schuhe an und frage, wo es die zu kaufen gibt … deinem Einfallsreichtum sind hier keine Grenzen gesetzt.

• Im Familien- oder Freundeskreis: Sprich einen Satz mehr als für dich in der Kommunikation mit anderen üblich.

• Suche dir jeden Tag eine kleine Mutprobe und schreibe auf, was du gut gemacht hast, was dich stolz macht. Lies es dir vor, wenn du dich mal schwach fühlst.

• Male dir die Belohnung aus, wenn du deinen Kokon abstreifst: Du wirst fähig sein, vor einer Gruppe zu sprechen, wirst vor Publikum glänzen.

Die Angst vor Erröten

Einige Menschen haben mit einer ganz speziellen, körperlich sichtbaren Facette ihrer Schüchternheit zu kämpfen, dem Erröten. Genauer gesagt, der Angst vor dem Erröten.

Kennst du das? Du sprichst zu jemandem und plötzlich kommt dir der Gedanke in den Sinn, du könntest vielleicht gerade „etwas Blödes" gesagt haben oder aus sonstigen Gründen ein schlechtes Bild abgeben. Sofort spürst du, wie deine Wangen heiß werden. Die Blutgefäße erweitern sich, Hals, Nacken, Ohren und Gesicht beginnen sich zu verfärben. Die Unsicherheit ist für jeden sichtbar, wenn du sie jetzt zu überspielen versuchen würdest, würde alles erst recht peinlich. Du bist froh, wenn du aus der Situation draußen bist, und die unangenehme Erfahrung speichert sich fest ein. Dein Selbstschutz-System sagt dir: *Solche Situationen unbedingt meiden!*

Siehst du jedoch eine genau solche Situation unvermeidbar auf dich zukommen, wird sofort der Alarm laut: *Jetzt bloß nicht rot werden, sonst wird es wieder unangenehm!*

Was passiert natürlich? Der innere Alarm löst Stress aus, die Nervosität steigt und der Körper reagiert entsprechend – und dein Kopf wird rot. Die Angst vor dem Erröten bewirkt also, dass es erst recht geschieht. Mit jedem Mal wird diese Angst stärker und schränkt dich in sozialen Situationen zunehmend ein.

Die gesteigerte Angst vor dem Erröten nennt man Erythrophobie (griech.: *erythr-* rot, rötlich und *phobia* Angst). Tatsächlich ist nicht das Erröten selbst das Problem, sondern die Erwartungsangst vor dem Erröten und den vermeintlichen Folgen einer blamablen und peinlichen Situation. Die Besonderheit der Erythrophobie ist der Teufelskreis-Charakter: Im Gegensatz zu anderen Ängsten, zum Beispiel vor Spinnen oder Gewitter, löst die Angst selbst aus, dass genau das eintritt, das man befürchtet.

Was also kannst du bei Erythrophobie tun? Mach dir als erstes bewusst: Schon die Tatsache, dass es dafür einen Fachbegriff gibt, zeigt: Du bist nicht allein.

Wie bei allen Ängsten gibt es auch bei der Angst vor dem Erröten Abstufungen. Die folgenden Ratschläge können nicht den Anspruch für sich erheben, die Lösung für Erythrophobie zu sein, wenn sie das Ausmaß einer Krankheit hat. Wenn du mit deiner Neigung zum Erröten im Leben an sich ganz gut zurechtkommst, wegen ihr aber davor zurückschreckst, Vorträge zu halten, können dir die folgenden Anregungen eine Hilfe sein, dich auch als schnell errötender Mensch auf die Bühne zu wagen.

Da die Angst vor Erröten eine Negativspirale bewirkt, wird jedes Ankämpfen das Problem nur noch verschlimmern. Es gilt also, den Kreis zu durchbrechen und den Druck aus der Situation zu nehmen, das Erröten zu de-emotionalisieren.

Der erste Schritt dafür ist, den Ist-Zustand zu akzeptieren: Du errötest schnell und du hast Angst davor, dass es bei deinem Vortrag passiert.

Sieh dir diese Aussage aus der Distanz, quasi von oben an: Was geschieht hier tatsächlich? In einem Menschen wallt Energie auf und diese löst eine biologische Reaktion aus. Welche Konsequenzen haben *außerhalb* deiner Gefühlswelt das Erröten und deine Angst davor, also in der Realität? Wird der Wahrheitsgehalt dessen, was du sprichst, kleiner? Haben deine Zuhörer durch dein Erröten einen Grund, dich weniger zu mögen oder für minderwertig zu halten? Verärgerst du jemanden damit, löst du Unfrieden aus?

Mit Angst vor dem Erröten umgehen: Der erste Schritt ist Akzeptanz.

Du wirst wahrscheinlich zustimmen, dass aus objektiver Sicht alle diese Fragen mit nein zu beantworten sind. Meistens wird jemand, der errötet, sogar als besonders sympathisch empfunden. Diese Person zeigt sich menschlich, ist authentisch. Auch wird es mit Sicherheit unter deinen Zuhörern Leute geben, die das unangenehme Gefühl, vor anderen rot zu werden, selbst schon erlebt haben und sich eher in dir wiedererkennen, als dass sie auf dich herabschauen würden.

Nun kannst du dir überlegen, auf welche Art du in der nächsten konkreten Situation anders mit deinem Erröten umgehen willst als bislang. Nimm dir nicht vor, etwas zu tun, um das Erröten zu verhindern oder abzustellen; eine Maßnahme, die das kann, wirst du sowieso nicht finden. Es geht vielmehr darum, dem Erröten seine vermeintliche Bedeutung für die Situation zu nehmen, es als etwas Normales und Harmloses zu akzeptieren. Was dich die an sich harmlose Körperreaktion als so schlimm empfinden lässt, ist nämlich die absolut fokussierte Aufmerksamkeit darauf. Sie wirkt wie ein Vergrößerungsglas.
Versuche bei deinem nächsten Erröten im Gespräch mit anderen, deine Aufmerksamkeit bewusst von deiner Gesichtsröte wegzulenken. Formuliere vorher einen kurzen Satz, den du dir in deinem Inneren sagen kannst, um dir die Akzeptanz des Zustands zu erleichtern, zum Beispiel: *Mein Gesicht ist gerade rot, aber das macht nichts und es geht auch wieder weg.* Oder: *Es muss sich keiner daran stören, ob ich jetzt rot bin.*
Gelingt es dir zu akzeptieren, dass dein Gesicht gerade errötet ist, wird es dir leichter fallen, diesen Zustand aus deiner Kontrolle zu geben (die du ohnehin nicht hast) und sich selbst zu überlassen. Du kannst deine Aufmerksamkeit dann leichter wieder auf das legen, worum es eigentlich gerade geht, nämlich das, was du gerade mit deinem Gegenüber besprichst.

Wenn du mit dir allein bist, kannst du dich mit deiner Angst vor dem Erröten etwas tiefer beschäftigen.
Das Gefühl der Angst entsteht daraus, dass du *denkst*, dein Erröten habe schlimme Auswirkungen. Die anderen schauen auf dich herab, du bist blamiert, dein Vortrag ist ruiniert – all das sind keine Tatsachen, sondern deine Gedanken. Du kannst deine Gedanken nicht kontrollieren, sie kommen und sie gehen. Du kannst jedoch Abstand zu ihnen gewinnen und die Rolle eines Betrachters einnehmen. Dadurch stoppst du den Mechanismus, dass bestimmte Gedanken sofort ein bestimmtes Gefühl auslösen, das sich in dir ausbreitet und dann dein Handeln bestimmt. In der Betrachter-Position nimmst du also deinen Gedanken die Macht über dich und löst dich wesentlich schneller von negativen emotionalen Zuständen.

Es geht darum, den Prozess des identifizierten Denkens zu erkennen und damit zu durchschauen: Da ist der Gedanke, es folgt die Emotion, die zu einem entsprechenden Verhalten führt. Der Gedanke, der alles auslöst, ist bereits eine Interpretation des Wahrgenommenen.

Den Schritt, den der Geist von der bloßen Wahrnehmung zum Interpretieren und Bewerten geht und von dort zur Emotion, erfolgt extrem schnell, fast nahtlos. Es bedarf deshalb der Übung, die Muster des eigenen Denkens zu erkennen und die Denkschritte isoliert zu betrachten. Je mehr du darauf achtest und übst, deine Gedanken zu beobachten, wirst du erkennen, wo du bislang etwas Wahrgenommenes sofort negativ interpretiert und in der Folge als beängstigend empfunden hast.

Die Erkenntnis der eigenen Denkweise ist aber wohl eine der tiefsten und grundlegendsten, und die Praxis des Gedanken-Beobachtens wird dich in allen Aspekten deines Lebens freier und sicherer machen.

Pai-Chang, ein Zen-Meister des 8. Jahrhunderts, hat es so formuliert:

> *Wenn dein Verstand sich bewegt, so folge ihm nicht; und er wird sich von der Bewegung loslösen. Und wenn dein Verstand auf irgendetwas ruht, so folge ihm nicht, und er wird sich von dem lösen, worauf er ruht.*

Die Stimme und der Sprechapparat; die Sprechpraxis

Schalte das Radio ein, schließe die Augen und höre einer Stimme zu. Was passiert? Du wirst ganz automatisch in deiner Vorstellung einen Menschen zu dieser Stimme kreieren, mit seinem Aussehen, seinem Charakter, womöglich sogar seiner Geschichte. Und das nur aufgrund des Klanges seiner Stimme und der Art, wie diese Stimme etwas sagt.

Tatsächlich hat die Stimme ein ungeheures Potential. Eine Stimme kann berühren und fesseln oder abstoßen und nerven. Auf der Bühne ist der Einfluss der Stimme auf das Publikum gegenüber der Körpersprache geringer, aber höher als das Wort, das diese Stimme spricht.

Einige Menschen haben in Bezug auf ihre Stimme negative Glaubenssätze verinnerlicht, zum Beispiel dass sie nicht schön oder gut genug für das Sprechen vor Publikum sei. Solche Glaubenssätze entstehen manchmal aus einem geringen Selbstwertgefühl, oft wurzeln sie aber auch einfach nur in einer Unkenntnis des Stimminstrumentes.

Tatsächlich gibt es keine Stimmen, die von Natur aus schlechter sind, es gibt nur freie und blockierte Stimmen, und du hast durchaus die Möglichkeiten, deine Stimme in ihrer Funktionalität zu beeinflussen.

Lasse deine Persönlichkeit durch eine sichere und kraftvolle Stimme hindurchklingen. Sie ist ein sensibles Instrument, dessen richtiger Gebrauch gelernt werden kann.

Wenn Du planst, auf professioneller Basis Vorträge zu halten oder in deinem Job häufig Präsentationen hältst, kann es sich lohnen, ein paar Stunden bei einem Sprecherzieher oder einem Gesangslehrer zu nehmen. Doch es gibt einige Ansatzpunkte, wo du auch ohne professionelle Hilfe an deiner Stimme und deinen Sprechfertigkeiten arbeiten und sie auf das Vortrag-Halten vorbereiten kannst. In den folgenden Abschnitten erfährst du Einiges darüber.

Körper und Atmung

Der Körper ist das Basis-Instrument. Er ermöglicht dir die sogenannte Stütze über das Zwerchfell. Musiker, die ein Blasinstrument spielen, kontrollieren mit Hilfe der Stütze den Luftstrom und damit den Ton, Sänger stabilisieren damit ihre Gesangsstimme.

Nimm eine gerade Haltung ein, so kann der Atem frei fließen. Atme in den Bauch und in die Flanken. Dabei sollte sich der Bauch nach außen wölben. Wenn du jetzt die Lippen fest schließt und dann stoßweise, mit Unterstützung des Zwerchfells, Luft durch die Lippen presst, was in etwa einem Husten gleicht, erlebst du, wie die Stütze sich anfühlt.

Wenn Du Probleme hast, in die Bauchatmung zu kommen, dann lege dich flach auf die Erde, lege die Hände auf den Bauch und atme entspannt tief ein und aus. Jetzt solltest du spüren, wie sich die Bauchdecke beim Einatmen hebt und beim Ausatmen senkt. Das ist die natürliche Atmung, die du auch während deines Alltags verwirklichen solltest. Babys und Kleinkinder haben diese natürliche Atmung noch.

Die Bauchatmung gibt dir auch eine psychische Stabilität. Beobachte, wie aufgeregte oder nervöse Menschen nur in den Brustbereich atmen und die Schultern bei Einatmen anheben.

Im Kasten auf der nächsten Seite findest du Übungen, mit denen du zu einer frei fließenden Atmung gelangen und Stress und Verspannungen abbauen kannst.

Übungen für eine natürliche Atmung

Die Gähn-Übung
Mache den Mund so weit auf wie möglich, ähnlich wie beim Gähnen. Diese Übung hilft dir generell, um in einen entspannteren Zustand zu gelangen. Zusätzlich lockert sich die Muskulatur um den Mund.

Die Imaginärer-Ballon-Übung
Bilde einen Atemballon, indem du mit den Händen einen imaginären Ballon vor deinem Bauch hältst. Beim Einatmen in den Bauch gehen die Hände mit nach vorne. Der Bauch wird richtig groß und gewölbt. Dann atmest du wieder aus. Deine Ausatmung sollte doppelt so lange sein wie deine Einatmung. Am Ende des Ausatmens warte einen kurzen Moment. Wiederhole das Ganze fünf Mal.

Die Ha-Übung
Lasse die Arme hängen. Hebe die Arme beim Einatmen hoch über den Kopf. Beim Ausatmen führst du in drei Stufen die Arme zur Ausgangsposition zurück. Bei jeder Stufe stößt du den Laut *Ha* hervor. Wiederhole die Übung fünf Mal.

Der Stimmklang
Die meisten Menschen empfinden ihre eigene Stimme nicht als schön, wenn sie sie auf einer Aufnahme hören. Das hängt damit zusammen, dass die eigene Stimme sich „von innen" anders anhört als „von außen" und der Klang der eigenen Stimme einfach ungewohnt ist, wenn wir ihn plötzlich nur als Hörer wahrnehmen und nicht gleichzeitig als derjenige, der den Klang gerade produziert.

Du solltest dich deshalb so früh wie möglich an den „Außen-Klang" deiner Stimme gewöhnen. Das Ziel ist, dass du dich mit deiner Stimme anfreundest. Im Idealfall gelangst du dahin, dass du dich selbst gerne sprechen hörst.

Dazu kannst du ganz in Ruhe und ohne Befangenheit deine Stimme zu Hause mit einem Gerät aufzeichnen. Albere und spiele mit deiner Stimme herum, lerne ihre Möglichkeiten kennen. Lies einen Text vor, der dir gefällt, und probiere verschiedene Tonlagen und Satzmelodien, Sprechgeschwindigkeiten und Lautstärken aus. Später kannst du die Aufnahmen anhören und die Wirkung der verschiedenen Stimmvariationen vergleichen.

Die Indifferenzlage

Deine Stimme hat einen bestimmten Umfang. Stell dir eine Klaviatur vor. Du hast einen tiefsten Ton und einen höchsten Ton.

Die Bandbreite deiner Stimme teilst du in drei Teile.

In der mittleren Lage entsteht der Eindruck einer etwas fordernden oder beharrenden Stimme. Lehrer sprechen hin und wieder in dieser Stimmlage, wenn sie belehren oder ermahnen. Im oberen Drittel klingt die Stimme meist nervig und unangenehm. In Stresssituationen oder wenn du viel oder lauter als sonst reden musst, wirst du merken, dass deine Stimme höher wird und ihre entspannte natürliche Lage verliert.

Idealerweise solltest du im unteren Drittel sprechen. Es ist deine natürliche, entspannte Stimmlage. In dieser Lage wird dein ganz persönlicher Stimmklang am besten getragen und deine Stimmbänder produzieren die Töne, ohne dass es sich anstrengend anfühlt. Diese Stimmlage wird Indifferenzlage genannt.

Um zu deiner Indifferenzlage zu kommen, deiner natürlichen, entspannten Stimmlage, probiere folgende Stimmübungen:

- Brumme: *Mmmmhhhh, miamm-jamm-jamm, Schokolade!*
- Verschränke die Hände vor der Brust wie zum Gebet; schüttele sie jetzt hin und her, also vom Körper weg und zurück; atme dabei entspannt den Buchstaben A aus. Dein Körper und deine Stimme sollten dabei in Vibration kommen.
- Lasse deine Zunge im geschlossenen Mund vor den Zähnen in beide Richtungen kreisen. Strecke die Zunge danach in beide Backen und dehne diese.
- Sprich einige Zeilen in einem gelangweilten Ton aus.

Tiefere Stimme

Eine tiefe Stimme klingt beruhigend, sexy und kompetent. Eine Stimme, der man vertrauen kann. Studien haben ergeben, dass Männer mit einer tieferen Stimme eher befördert werden. Eine Piepsstimme kann dagegen schnell nerven und klingt oft überdreht.

Es ist Frauen wie Männern möglich, durch Training ihre Stimme dauerhaft etwas tiefer klingen zu lassen. Suche einen Logopäden auf und er wird dich dabei unterstützen. Als erste Hilfe mögen dir die Übungen im folgenden Kasten dienen.

TIPPS FÜR EINE TIEFERE STIMME

• Finde zuerst einmal deine Indifferenzlage.

• Nutze alle Klangköper in deinem Körper, also den Kopf, die Mundhöhle und den Brustbereich. Brumme vor dich hin. Spüre die Vibration in allen drei Klangkörpern.

• Sprich die Vokale hintereinander laut und deutlich mit einem *R* davor aus, also *RA, RE, RI, RO, RU*. Das trainiert die Muskulatur. Versetze alle drei Klangkörper dabei in Schwingung.

• Unterstütze durch die Zwerchfellatmung deine Sprache. Halte dabei den Hals offen und presse nicht. Gähne zwischendurch.

• Singe deinen tiefsten Ton im Brustbereich und singe ihn durchgehend bis zum höchsten Ton im Kopfbereich und umgekehrt. Spüre besonders hinein in das Gefühl der Brusttöne.

• Übe dich im Deutlich-Sprechen.

Stimmprobleme: Heiserkeit und Stimmbandentzündung

Heiserkeit und Stimmbandentzündungen entstehen oftmals durch eine dauerhaft ungünstige Benutzung der Stimmbänder. Zur Vorbeugung kannst du deshalb schon viel dadurch tun, wenn du dir angewöhnst, in deiner Indifferenzlage und zu sprechen.

Wenn du akute Probleme mit den Stimmbändern hast, ist es sehr wichtig, sie zu schonen und so wenig wie möglich zu reden. Kein Flüstern und kein Räuspern! Suche einen HNO-Arzt auf und lass die konkrete Ursache abklären und die passende Behandlung verordnen.

Begleitend kannst du noch einiges zur Stimmpflege tun. Folgende Tipps tun den Stimmbändern auch im gesunden Zustand gut.

TIPPS ZUR PFLEGE DER STIMMBÄNDER

• Trinke Tee, z.B. Malven- oder Ingwertee, oder iss kleine Ingwerstücke.

• Gurgle mit Salbei. Lasse dafür frische Salbei-Blätter in heißem Wasser zehn Minuten ziehen. Gurgle immer wieder mit dem Aufguss.

• Befeuchte deine Stimmbänder durch Inhalation. Lass dir in der Apotheke ein entsprechendes Mittel empfehlen.

• Lutschen von Bonbons regt den Speichelfluss an und hält die Stimmbänder feucht. Verwende Lutschbonbons oder -tabletten, die dir dein Apotheker empfiehlt.

• Lege dich flach auf den Boden, dadurch entspannen sich die Muskeln, auch die im Halsbereich.

Sprechpraxis

Neben dem Klang und der Höhe der Stimme ist für die Art, wie sie auf andere wirkt, auch die Artikulationsweise eines Sprechers entscheidend.

Wie du sprichst, also wie deutlich deine Aussprache ist, wie schnell oder langsam, ob mit Dialekt oder ohne, an all dem ist der ganze Sprechapparat beteiligt: Die Lippen, die Zunge, die Zähne, der Gaumen. Und nicht zuletzt beeinflusst die Atmung deine Artikulation.

Wenn Du planst, auf professioneller Basis Vorträge zu halten oder in deinem Job häufig Präsentationen hältst, kann es sich lohnen, ein paar Stunden bei einem Sprecherzieher oder einem Gesangslehrer zu nehmen.

Die wichtigsten Parameter bei der Sprechpraxis sind:

- die Lautstärke
- das Tempo
- die Satzmelodie
- Betonung
- die Artikulation

Lautstärke

Die Lautstärke ist ein Ausdruck der jeweiligen Persönlichkeit und der Emotionen. In einer Präsentation sollte die Lautstärke zum Inhalt passen und keine psychologischen Rückschlüsse auf Introvertiertheit oder Dominanzverhalten des Sprechers ziehen lassen.

Das Variieren der Laustärke erlaubt die Erzeugung von Spannungsmomenten, Intensität und Intimität. Es muss dabei immer so laut gesprochen werden, dass das Publikum das Gesagte versteht. Mit Mikrofon in einem großen Raum wird anders gesprochen als auf offener Bühne ohne technische Hilfsmittel. Lautes Sprechen bedarf der Bauchatmung und einer Unterstützung durch das Zwerchfell.

Tempo

Wie auch über die Lautstärke spiegelt sich über das Sprechtempo oft die emotionale Verfassung wider, und es kann auch ein Merkmal der Persönlichkeit sein. Die Geschwindigkeit, mit der geredet wird, entspricht meist der Geschwindigkeit des Denkens. Das Spielen mit dem Tempo ermöglicht es, Satzabschnitten Bedeutung zu verleihen.

Unter dem jeweiligen Sprechtempo eines Redners dürfen die Artikulation und die Verständlichkeit nicht leiden. Schnellsprecher sollten auf Pausen achten, Langsamsprecher für entsprechende Informationsdichte sorgen.

Satzmelodie

Sie beschreibt den Tonhöhenverlauf eines Satzes. Durch die Satzmelodie bekommt das Gesagte seine Lebendigkeit; mit ihr werden die Sätze rhythmisiert und sie verhindert, dass diese monoton klingen.

Mit der Satzmelodie können auch Emotionen ausgedrückt werden und Gedankengänge strukturiert werden, beispielsweise indem durch Absteigen oder Ansteigen der Tonhöhe markiert wird, ob ein Satz beendet ist oder fortgeführt wird. Bei sachlichen Aussagen oder als Antwort auf W-Fragen ist die Melodie am Ende des Satzes abfallend. Steigend ist sie dagegen bei einer Frage, auf die eine Ja-/Nein-Antwort erwartet wird oder die eine freundliche Aussage enthält. Gleichbleibend ist die Melodie, wenn die Äußerung noch nicht abgeschlossen ist.

Betonung

Mit der Betonung wird festgelegt, worauf im Wort und im Satz der Akzent gelegt wird.

Die korrekte Betonung der Silben eines Wortes ist festgelegt, mit der Betonung innerhalb von Sätzen werden dagegen erst Bedeutungszusammenhänge geschaffen und Schwerpunkte gesetzt. Zweimal mit unterschiedlicher Betonung ausgesprochen, kann ein und derselbe geschriebene Satz mehrere voneinander abweichende Bedeutungen erhalten, manchmal, je nach Bezug zu den Sätzen davor und danach, sogar konträre.

Insofern ist die Betonung auch ein Mittel, persönliche Prioritätensetzung und Haltungen auszudrücken. Mithilfe der Betonung kannst du einem Inhalt schon in dem Moment deine eigene Interpretation mitgeben, wo du ihn gegenüber deinen Zuhörern aussprichst. Es kann also sehr sinnvoll sein, zumindest bei den entscheidenden Aussagen der Rede, vorher genau zu überlegen, was du ausdrücken willst und welche Betonung dem am besten entspricht.

Artikulation

Eine klare Artikulation ist sehr wichtig; was du sprichst, soll gut klingen und verständlich sein.

Vor allem beim Sprechen vor Publikum ist eine undeutliche Aussprache problematisch. Mag sein, dass sich dahinter lediglich Schüchternheit verbirgt, doch das Publikum kann dies nicht wissen. Schnell können Fehlurteile entstehen, denn undeutliches Sprechen strahlt häufig Unsicherheit, Inkompetenz und mangelnde Sorgfalt aus.
Zudem kann es dazu führen, dass andere sich als Gesprächspartner nicht wertgeschätzt fühlen, denn jemand, der in sich hineinspricht, scheint keine Energie und damit keinen Wert darauf zu legen, ob sein Gegenüber die geäußerten Inhalte empfangen und verstehen kann.

Auch wenn du im individuellen Fall ein Publikum hast, das dich kennt und weiß, dass es von dir wertgeschätzt wird, so bewirkst du mit undeutlichem Sprechen doch einen Verständnisverlust bei den Zuhörern.

Wer Schwierigkeiten hat, jemanden akustisch zu verstehen, driftet gedanklich schnell ab, und leicht kann es passieren, dass einzelne deiner Aussagen, vielleicht gerade besonders wichtige, bei deinem Publikum nicht ankommen.

Die Artikulation ist ein komplexer Bewegungsablauf, bei dem dein Gehirn etwa hundertfünfzigtausend Entscheidungen pro Sekunde fällen muss, um für die Bildung der Sprechlaute die korrekte Bewegungsführung von Stimm- und Sprechorganen zu treffen.

Achtsamkeit ist für eine deutliche Aussprache also eine Grundvoraussetzung. Mach dir bewusst, wie du sprichst. Beobachte, ob du in dich hineinnuschelst und wann dies passiert, denn nur dann kannst du auch etwas dagegen tun.

Im Verhältnis ist die Kiefermuskulatur die stärkste Muskulatur unseres Körpers. Häufig hängt undeutliches Sprechen mit einer verspannten Kiefermuskulatur zusammen. Viele knirschen nachts mit ihren Zähnen auf den unbewältigten Problemen des Alltags herum. Tagsüber bekommen sie dann im wahrsten Sinne des Wortes die Zähne nicht auseinander.

Für eine deutliche Artikulation ist es wichtig, den Mund beim Aussprechen von Vokalen weit genug zu öffnen und die Zunge genau und kontrolliert zu bewegen. Die Zunge darf den hinteren Bereich in der Mundhöhle nicht blockieren beim Zurückgehen. Der Klang der Stimme kann sich sonst nicht entfalten.

Solltest du eine undeutliche Artikulation haben, weil ein Sprachfehler mit organischen Ursachen vorliegt, ist der Besuch eines Sprachlehrers, Logopäden oder gegebenenfalls auch eines Hals-Nasen-Ohren-Arztes sinnvoll.

Häufig sind jedoch ein allgemein unverständliches Sprechen, ein In-sich-hinein-Nuscheln und das „Verschlucken" von Endungen durch Gewohnheit entstanden. In dem Fall kann bereits mit ein paar einfachen, aber gezielten Übungen, wie du sie im Kasten auf der nächsten Seite findest, die Artikulation wesentlich verbessert werden.

ÜBUNGEN FÜR EINE DEUTLICHE ARTIKULATION

In die Bauchatmung kommen
Beginne damit, dich in eine gerade Körperhaltung zu bringen, wie sie im Kasten auf Seite 64 beschrieben ist. Stehe aufrecht und entspannt. Amte tief in den Bauch und die Flanken. Beim Ausatmen bringst du die geschlossenen Lippen zum Flattern.

Den Kiefer lockern
• Gähne mehrmals kräftig. Das öffnet den Mund und lockert ein wenig die Kiefermuskulatur. Massiere dann mit den Handballen vom Kiefergelenk nach schräg unten zum Mund hin.
• Kau-Übung: Wenn es dir hilft, beiße ein Stück Apfel ab, es geht aber auch ohne. Kaue und summe dabei den Laut *mmmmhhhh* – es schmeckt dir.
Fühle die Vibration in deinem Kopf. Dann verschleife jeweils einen Vokal mit dem Laut und wiederhole die Übung mehrmals. Also: *miAmmm, miOmmm, miUmmm, miEmmm, miImmm.*

Die Mundmuskulatur lockern und trainieren
Eine Minute dieser Übung verbessert für eine Stunde deine Aussprache.
Nimm deinen Zeigefinger und halte ihn waagerecht zwischen deine Zähne. Jetzt sprichst du eine Minute lang einen Text. Du kannst auch Affirmationen sprechen, die dich positiv stimmen und dein Selbstbewusstsein stärken.

Durch den Zeigefinger bist du gezwungen, alles überdeutlich auszusprechen. Das trainiert die Mundmuskulatur und die Zunge.

Statt des Zeigefingers kannst du auch den Daumen oder einen Korken verwenden. Der Nachteil beim Korken ist, dass die Kieferstellung während der Übung gleichbleibt, da sonst der Korken herausfallen würde.

Übung gegen Lauteverschlucken
Sprich zwischendurch immer wieder einige Sätze ganz bewusst überartikuliert aus. Produziere die einzelnen Laute mit Achtsamkeit für deine Sprechorgane, sprich Vokale mit weit geöffnetem Mund aus.

Dialekt und korrekte Aussprache

Es gibt unzählige Dialekte innerhalb der deutschen Sprache. Beim Vortrag Dialekt zu sprechen, ist generell kein Problem, laut Studien kann es oft sogar sympathischer machen. Ein Nachteil ist, dass es provinziell wirken kann. Folglich hängt es vom Thema und deiner Position ab, wie die Zuhörer darauf reagieren werden.

Beherrschst du Dialekt und Hochdeutsch gleichermaßen, kannst du dich dem jeweiligen Anlass anpassen. Sprichst du ausschließlich starken Dialekt, möchtest aber in einem professionellen Rahmen sprechen oder musst etwas überregional präsentieren, dann solltest du Hochdeutsch lernen. Mache dir jedoch klar, dass es bis zu zwei Jahre dauern kann und der Aufwand dem Erlernen einer Fremdsprache nahekommt. Suche dazu am besten einen Sprechtrainer oder Logopäden auf.

Aber auch für Hochdeutsch Sprechende gibt es einige Aussprachefallen. Eine der häufigsten ist die Buchstabenkombination *ig*. Grundsätzlich gilt hier:

- *ig* auszusprechen als [ɪç] wie in *Licht:*
  - am Wortende: *König, einsprachig, wichtig*
  - vor Konsonanten: *vierzigjährig, am wichtigsten*
- *ig* auszusprechen als [ɪg] wie in *weniger:*
  - im Wortinneren vor Vokal: *die Könige, wichtige*
  - wenn *-lich* folgt: *königlich, lediglich*
- *ig* auszusprechen als [ɪk] wie in Genet**ik:**
  - im Wort *Königreich*

Wenn du Fremdwörter in deinem Vortrag benutzt, ist es nicht nur wichtig, dass du ihre exakte Bedeutung kennst, sondern auch ihre korrekte Aussprache. Dies gilt auch für Namen von Personen, insbesondere wenn sie anwesend sind. Es kann sonst schnell der Eindruck von Inkompetenz oder Nachlässigkeit entstehen.

Vor allem bei Lauten, die es in der deutschen Sprache nicht gibt, zum Beispiel bei Nasallauten in französischen Wörtern wie *Teint* oder *Chanson*, solltest du dich vorher über die richtige Aussprache schlaumachen und dich vergewissern, dass du sie beherrschst.

3 Teil B – der Vortrag

Die Praxis am Beispiel des Bühnenauftritts

In Teil A hast du erfahren, was du tun kannst, um zu einer guten geisti-gen, psychischen und physischen Basis für das Reden-Halten zu gelan-gen. Nun ist es so weit, es geht an die Praxis, du hältst deinen Vortrag!

Die Praxis beginnt nicht erst, wenn du vor deine Zuhörer trittst. In den Stunden und gegebenenfalls Tagen davor kannst du schon alle Weichen optimal dafür stellen, dass dein Auftritt erfolgreich wird. Und auch nach Verlassen der Bühne gibt es noch Dinge, die du tun kannst, um aus dem Erlebten zu schöpfen und mit den Gefühlen umzugehen, die nach einem Auftritt vor Publikum sehr oft auftauchen.

Hier in diesem zweiten Buchteil wirst du erfahren, was du bei deinen ganz konkreten Auftritten beachten solltest und was du direkt davor, währenddessen und danach tun kannst, um jede dieser Phasen opti-mal zu nutzen.

Dieser Buchteil ist auf die Form von Vortrag zugeschnitten, mit der der größte mentale, körperliche und organisatorische Aufwand ver-bunden ist und die im umfangreichsten Setting stattfindet: der Auftritt auf einer Bühne vor größerem Publikum. Dies soll dir als Leser den größtmöglichen Nutzen bringen, denn für eine Präsentation im Fir-menmeeting oder eine Rede auf der Familienfeier gelten im Prinzip die gleichen Dinge wie für einen Auftritt auf einer Bühne, nur zum Teil in reduzierter oder einfacherer Form.

Das Hintergrundwissen, die Hinweise und Tipps in den folgenden Ab-schnitten kannst du also auch auf kleinere und weniger komplexe Re-desituationen anwenden und so für deinen individuellen Anlass nut-zen. Brich, wo angebracht, einfach aufs Kleinere herunter oder modifi-ziere so, dass es zu der Art und der Größe deiner Rede passt.

Es gibt außerdem noch spezielle Rede-Formen, bei denen du nicht allein vor dem Publikum agierst, sondern noch andere Personen einge-bunden sind: die Moderation, die Diskussion und das Interview. Hier gibt es noch einmal einige andere Dinge zu beachten als bei einem Solo-Vortrag. Auf den Seiten 125 bis 132 erfährst du Wissenswertes und Nützliches zu diesen drei Rede-Sonderformen

3.1 Die Phasen vor, während und nach dem Auftritt

Nicht nur während deines Auftritts, sondern auch davor und danach hast du sehr viel Einfluss darauf, wie erfolgreich dein Vortrag wird und wie es dir hinterher geht. Jede Phase bietet dir ihre eigenen Möglichkeiten, wie du sie optimal nutzen kannst.

Wenn du systematisch vorgehst, bleibst du fokussiert. Du verhinderst, dass du dich verheddert, und die Nervosität hat keine Chance das Ruder zu übernehmen, denn du selbst hältst es fest in der Hand.

In dieser Tabelle erhältst du einen Überblick, auf welche Dinge du in den einzelnen Phasen achten solltest.

Phase	wofür nutzen
1. Tag(e) vor dem Auftritt	• Checkliste erstellen • mit Gegebenheiten des Auftrittsorts vertraut machen: Anfahrt, Ansprechpartner, Technik; Größe des Saals, der Bühne, Art der Bestuhlung etc. • gezielt auf Eigenheiten der jeweiligen Rede-Form (Einzelvortrag, Moderation, Interview, Diskussion) vorbereiten • für Vollständigkeit benötigter Utensilien sorgen • äußeres Erscheinungsbild vorbereiten: Kleidung und Körperpflege • Soundcheck durchführen
2. Am Auftrittstag; Stunden und Minuten vor dem Auftritt	• Energiezufuhr: Essen und Trinken • in Körperwahrnehmung gehen • Mindset abrufen • Ritual einsetzen
3. während des Auftritts	• den Gang auf die Bühne bewusst gestalten • das Vortragen der Rede bewusst gestalten • Präsentationsmittel sinnvoll wählen und richtig einsetzen • mit Pannen, Blackout, kritischen Fragen umgehen
4. nach dem Auftritt	• Achtsamkeit dafür haben, wie es dir jetzt geht • mit selbstkritischen Gedanken umgehen • emotionaler Leere entgegenwirken

3.1.1 Phase 1: Tag(e) vor dem Auftritt

Phase 1 widmest du der Vorbereitung und Organisation, die auf den konkret bevorstehenden Auftritt bezogen ist.

Wenn du die Möglichkeit hast, lege diese Vorbereitungsphase auf einen oder zwei Tage vor deiner Rede. Dann hast du genügend Zeit und Ruhe, alle Vorkehrungen zu treffen. Du bist noch flexibel, um zu reagieren, wenn sich innerhalb dieser Vorbereitungsphase Fragen oder neue Erfordernisse auftun. Am Tag des Auftritts kannst du dich dann ganz auf deinen Vortrag, dein Publikum und dich selbst konzentrieren.

Von der Reihenfolge her ist es sinnvoll, dich zuerst intensiv mit all dem vertraut zu machen, das von außen gegeben ist, und danach die Dinge vorzubereiten, die in deinem eigenen Einflussbereich liegen. So kannst du das, worin du flexibel bist, so gestalten, dass es optimal an das Vorgegebene angepasst ist: Die vorhandenen Möglichkeiten schöpfst du aus, auf Fehlendes stellst du dich ein oder findest eine Alternative.

Der Auftrittsort

Als Erstes mache dich mit den Gegebenheiten des Auftrittsortes vertraut. Je genauer du über alle Rahmenbedingungen in Bezug auf die Lokalität Bescheid weißt, desto weniger Verunsicherungspotential ist gegeben. Du kannst Fallstricke beseitigen und selbst wenn in der Life-Situation etwas Technisches nicht funktionieren sollte, wirst du besser und gezielter darauf reagieren können.

Über folgende Parameter des Auftrittsortes solltest du dich in der Organisationsphase genau informieren:

Die Anreise
Wenn du bislang noch nie am Auftrittsort gewesen bist, ist es sinnvoll auszuloten, wie lange du für die Fahrt beziehungsweise den Fußweg dorthin brauchst, welches das sinnvollste Verkehrsmittel ist, wie die Parkplatzverhältnisse sind.

Die personellen Gegebenheiten
- Ist eine Ansprechperson da, wer ist das, wo kannst du sie finden?
- Kläre ab, ob du dich für einzelne Teilbereiche (zum Beispiel Technik, zeitliche Abfolge) an verschiedene Ansprechpersonen wenden musst.

Die räumlichen Gegebenheiten
- Wie groß ist die Bühne, wo ist der Zugang? Beispielsweise gibt es Bühnen, die nur durch den Zuschauerraum erreichbar sind, darauf solltest du eingestellt sein.
- Welche Gegenstände sind auf der Bühne, gibt es einen Tisch, Pult, Hocker, Flipchart …? Kannst du die vorhandenen Utensilien für dich nutzen, kannst beziehungsweise musst du eigene hinzuholen? Hast du die Möglichkeit, deine eigenen Utensilien so zu platzieren, dass du während des Auftritts alles problemlos erreichen und bedienen kannst?
- Wie groß ist der Zuschauerraum? Ist er beleuchtet, dein Publikum also für dich sichtbar, oder im Dunklen?
- Wie ist die Bestuhlung? Musst du mit einbeziehen, dass du nicht von allen Plätzen aus gleich gut sichtbar bist?

Die technischen Gegebenheiten
- Werden Ton und Licht während deines Auftritts technisch gesteuert? Wenn ja, sprich mit dem Techniker deine Vorstellungen ab und mache dich mit dem Mikrofon vertraut.
- Planst du, eigene technische Geräte während deines Vortrags einzusetzen? Stelle sicher, dass sie funktionieren und mit den technischen Gegebenheiten vor Ort kompatibel sind.

Dein äußeres Erscheinungsbild: Kleidung & Körperpflege

Über dich selbst und das Bild, das du vor deinem Publikum abgibst, hast du eine größere Gestaltungsfreiheit. Du kannst dir genau überlegen, welche Kleidung du zu deinem Auftritt tragen willst, und du hast Zeit, deinen Körper in einen gepflegten Zustand zu bringen.

Deine äußere Erscheinung ist das Erste, das dein Publikum von dir wahrnimmt. Der erste Eindruck ist entscheidend und häufig nicht revidierbar. Kleidung, Erscheinung und Auftreten sind also eminent wichtig, um das Publikum von Anfang für dich zu gewinnen.

Kleidung

Gut und passend gekleidet zu sein, gibt Sicherheit. Du fühlst dich in deinem Körper wohl, wenn du spürst, dass deine Kleidung gut sitzt, und du agierst mit mehr Selbstsicherheit, wenn du dich mit deinem Styling ästhetisch ansprechend fühlst.

Dein Outfit spiegelt deine Persönlichkeit und deine Kompetenz wider. Entsprichst du also mit deiner Kleidung den Erwartungen des Publikums, so hast du bereits Vertrauen geschaffen.

Natürlich darfst du dir als Redner, da du in einer exponierten Position bist, gerne auch einen Stilbruch leisten, der deine Individualität hervorhebt oder dein Markenzeichen geworden ist. Verschiedene Bühnenredner haben beispielsweise bewusst Elemente in ihre Kleidung eingebaut, die vielleicht nicht jedermanns Geschmack treffen mögen, aber einen hohen Wiedererkennungswert haben. So ging der bekannte Speaker Christian Bischoff am Anfang stets mit einem Kopf-Schweißband auf die Bühne und der Hypnotiseur Alexander Hartmann hatte bei vielen seiner Auftritte eine ausgefallene Steilhaarfrisur.

Nach Möglichkeit solltest du dich in der Wahl deiner Kleidung am Publikum und dem Auftrittsort orientieren. Wenn du unsicher bist, wer dir gegenübersitzen wird, dann frage beim Veranstalter rechtzeitig nach. Manchmal stehen auf den Einladungen Angaben zur erwünschten Garderobe für die Veranstaltung. Diesem Dresscode kannst du dich anpassen. Generell gilt: Kleide dich so, dass du dich darin nicht verkleidet fühlst, aber kleide dich nicht unter deinem Wert.

Beziehe in deine Kleiderwahl auch die Optikverhältnisse des Veranstaltungsort mit ein: Wie ist das Licht, wie wirkt es auf die Kleidungsfarben, welche Farben hat der Raum, wie groß ist er und so weiter. Große Muster solltest du meiden, sie lenken ab. Kleine Muster sind ungünstig, wenn dein Vortrag durch Videokameras aufgezeichnet wird. Hier kann es zu einem Flimmer- oder Moiré-Effekt auf der Kleidung kommen.

Einen großen Unterschied kann die Farbe der Kleidung machen. Die passende Farbe kann dich frisch und gut aussehen lassen, die unpassende blass und unattraktiv.

Eine Farbberatung ist jedem zu empfehlen, unabhängig davon, ob er oder sie auf der Bühne steht. Dabei findest du unter professioneller Anleitung heraus, welcher Farbtyp du bist. Geschaut wird dabei nach der Hautfarbe, Augenfarbe und der Haarfarbe. Entsprechend deines Farbtyps kannst du dir dann immer ein Outfit zusammenstellen, das optimal auf dich abgestimmt ist.

Generell wiederholt die Kleidung die Farbe des Gesichts und der Haarfarbe. Wenn du ein dunkelhaariger Typ bist, solltest du eher dunklere Anzüge tragen. Finde die Balance, denn andererseits wirken hellere Farben eher positiv, dunklere dagegen gewichtig.

Wenn du mehr Geld zur Verfügung hast, dann empfiehlt es sich, einen Stilberater aufzusuchen. Er oder sie wird mit dir umfassend durchgehen, welche Kleidung und Accessoires dich auf der Bühne gut aussehen lassen. Und auch für Fragen zur Etikette ist der Stilberater der richtige Ansprechpartner.

Lege besonderen Wert auf dein Schuhwerk, denn viele Menschen achten darauf, wenn sie jemanden einschätzen. Deine Schuhe sollten optisch mit deiner Körper-Bekleidung harmonieren, doch noch wichtiger ist, dass sie gepflegt sind. Wenn die Bühne erhöht ist, fallen schmutzige oder ausgetretene Schuhe besonders negativ auf. Der Träger erscheint als ungepflegt und damit oft nicht als vertrauenswürdig. Denn wer schlampig mit seiner Kleidung umgeht, wird eventuell auch schlampig oder verantwortungslos in seiner Arbeit sein.

Schmerzende Füße und einen unsicheren Gang kannst du während deines Vortrags natürlich keinesfalls gebrauchen. Beziehe deshalb bei deiner Schuhwahl auch mit ein, ob du während deines Auftritts längere Zeit stehen oder gehen wirst. Schuhe, die du schon getragen hast, sind in dem Fall besser als nagelneue.

Es ist wichtig, dass du dich wohlfühlst in dem, was du anhast. Probiere allerdings ruhig einmal aus, wie es sich auf deine Körperspannung auswirkt, wenn du die nicht die weichfallenden Kleidungsstücke trägst, die du am bequemsten findest, weil du sie am Körper kaum spürst.

Näher am Körper liegende Kleidung, die gleichzeitig nicht einengt, gibt dem Körper das Gefühl von Halt. Bei vielen stellen sich mit eine gute Körperspannung und aufrechte Haltung selbstverständlicher ein, die Bewegungen werden selbstsicherer. Dies funktioniert sogar mit der Unterbekleidung. Für andere ist zwar nicht sichtbar, ob du unter Hemd oder Bluse ein schlabberndes Unterhemd oder ein anliegendes Top trägst, dein Körper aber spürt den Unterschied.

TIPPS FÜR DIE AUFTRITTSKLEIDUNG

- Orientiere dich am Publikum und den Optikverhältnissen am Auftrittsort.

- Sei im Zweifel lieber overdressed als underdressed.

- Nimm eine zweite Bekleidungsgarnitur mit. So hast du Ersatz, falls dein Erst-Outfit schmutzig wird.

- Nimm Accessoires mit (edler Schal, besonderer Gürtel …), mit denen du, falls nötig, dein Outfit spontan aufwerten kannst.

Körperpflege

In einer ansprechenden Kleidung sollte auch ein gepflegter Körper stecken. Ein schöner Haarschnitt, manikürte Nägel, gestutzte Nasenhaare, wohl gestaltete Augenbrauen, bei Männern ein frisch rasiertes Gesicht oder ein gepflegter Bart – kurz, ein adrettes Äußeres gibt dir Sicherheit und Wohlgefühl und deinem Publikum den Augenschmaus.

Frauen wie Männer dürfen für Bühnenauftritte gerne Make-up verwenden. Rote Flecken sind nicht schön anzusehen und eine glänzende Haut wirkt häufig speckig und fleckig. Auch kann Bühnenlicht die Haut fahl erscheinen lassen. Daher ist es ratsam, Tönungscreme aufzutragen und das Gesicht abzupudern.

Wenn du normalerweise kein Make-up verwendest, übe vor deinem Auftritt den Umgang damit. Probiere verschiedene Auftragetechniken und Dosierungen aus und kontrolliere, wie du jeweils in verschiedenen Lichtverhältnissen damit aussiehst.

Parfums sollten eher nicht benutzt werden. Du selbst wirst den Duft ohnehin kaum wahrnehmen, da du dich bereits daran gewöhnt hast, aber in einer Gesprächsrunde kann er für die Gesprächspartner aufdringlich wirken. Rauchst du, dann ergibt die Verbindung zwischen Parfum und dem Zigarettenqualm eine häufig sehr unangenehme Duftnote.

Das heiße Bad nimmst du besser am Tag vor deinem Auftritt, da es müde macht, die Muskeln entspannt und du so besser einschlafen kannst. Am Tag deines Auftrittes aber musst du so wach wie möglich sein. Da hilft eine Warm-Kalt-Dusche. Der Kreislauf wird angeregt und frisch gewaschen fühlst du gleich besser.

SICHERHEIT DURCH FRISCHEGFÜHL

Der Geruch deines (Angst-)Schweißes könnte dich aus dem Konzept bringen und für deine Zuhörer unangenehm sein. Das Gefühl von Sauberkeit und Frische gibt hingegen Sicherheit.

Tipps
• Putze dir vor dem Auftritt die Zähne.

• Nimm ein Deodorant mit.

• Wähle Kleidung, auf der sich Schweiß nicht so stark abbildet, oder verwende Achselpads zum Einkleben in die Kleidung.

Hilfsmittel und Utensilien vorbereiten

Angepasst an die Bedingungen des Auftrittsorts kannst du nun alles vorbereiten und zusammentragen, was du bei deinem Vortrag verwenden kannst und willst. Dies sind Dinge, die du mit auf die Bühne nehmen wirst wie beispielsweise ein Flipchart oder ein Utensil, mit dem du dem Publikum etwas verdeutlichen willst. Doch es gibt auch Gegenstände, die du in deiner Garderobe lassen wirst und die trotzdem wichtig sein können, weil du sie kurz vor dem Auftritt brauchst, wie etwa Schminksachen, oder vielleicht auch danach, zum Beispiel deine Visitenkarten.

Schreibe dir eine Checkliste, und notiere alles, was du mitnehmen musst, in Kategorien einsortiert, das erleichtert dir, den Überblick zu behalten. Als Kategorien kommen in Frage: Elektronische Hilfsmittel, Materialien zum Inhalt der Rede, Kleidung, große Dinge/kleine Dinge … du findest hier sicher deine eigene Systematik.

FÜNF DINGE, DIE DU FÜR DEINEN BÜHNENAUFTRITT MITNEHMEN SOLLTEST

1. die Moderationskarten
… sofern du welche beschrieben hast.

2. stilles Wasser
… kohlensäurehaltiges führt zum Aufstoßen.

3. einen Lippenpflegestift
… er bewahrt dich vor trockenen Lippen und verschafft dir ein gutes Gefühl.

4. einen Kugelschreiber oder Filzstift
… zum Notieren kurzfristiger Änderungen
– keinen Bleistift, die Schrift ist schwerer zu lesen.

5. deinen Talisman oder das Foto eines geliebten Menschen

3.1.2 Phase 2: Die Stunden und Minuten vor dem Auftritt

Erledige alles rechtzeitig vor Auftrittsbeginn, was die Organisation betrifft. Deshalb stelle am besten gleich, wenn du am Auftrittsort angekommen bist, anhand deiner Checkliste fest, ob du alles dabei hast. Falls du etwas vergessen hast, kannst du es jetzt noch holen oder einen Freund anrufen und ihn bitten, dir das fehlende Utensil zu besorgen.

Hast du alles Nötige beisammen, dann bringe alle Sachen zu dem Platz, an dem du sie benutzen wirst beziehungsweise an dem sie ihre Funktion erfüllen.

Sofern du technische oder elektronische Geräte in deinem Vortrag einsetzt, solltest du diese als erstes platzieren und sie anschließen, um sicherzustellen, dass sie funktionieren und praktikabel positioniert sind. Danach platziere die Utensilien und Hilfsmittel, die du während des Auftritts auf der Bühne benutzen wirst, und probiere auch hier aus, ob das, was du später beim Vortrag damit machen willst, gut funktioniert. Als Letztes kannst du die Dinge ablegen, die du vor dem Auftritt an deinem Warte- oder Vorbereitungsort, zum Beispiel im Garderobenraum, brauchst beziehungsweise bei dir haben willst.

Nun kannst du noch alle weiteren organisatorischen Dinge erledigen, die individuell anfallen. Wichtig ist, dass du alle noch nötigen Absprachen mit der oder den Verantwortlichen vor Ort und mit deinen eigenen Mitarbeitern oder Helfern jetzt triffst, damit du danach noch ein wenig Zeit vor dem Betreten der Bühne hast, um dich ganz um dich selbst zu kümmern.

Nun hast du dafür gesorgt, dass alles an seinem Platz und alles besprochen ist, und du hast den Kopf frei, um dich auf dich selbst und deine Verfassung zu konzentrieren. Jetzt geht es darum, dich geistig, emotional und körperlich optimal auf deinen Bühnenauftritt einzustimmen.

Zeit, um zu dir zu kommen

Im Teil A hast du bereits erfahren, dass eine gute Harmonie und ein konstruktives Miteinander von Körper, Atem und Geist zu der Gelassenheit und dem Selbstbewusstsein führen, die dich eine starke Bühnenpräsenz haben lassen. Dies kommt jetzt, in der Zeit unmittelbar vor deinem Auftritt, ganz gebündelt zum Tragen. Wenn du in dieser Phase dein Körpergefühl, dein Mindset und deine gedankliche Konzentration gezielt einnordest, hast du alle Voraussetzungen, um vor deinem Publikum erfolgreich zu performen.

Die meisten professionellen Bühnenkünstler haben Techniken, mit denen sie sich direkt vor dem Auftritt mental einstimmen und auf der Bühne in Verbindung mit sich selbst bleiben. Zwei solcher erfahrenen

Profis beschreiben in den Interviews im Anhang des Buches, welche Techniken sich bei ihnen in der Praxis bewährt haben.

Körperwahrnehmung

Körperliches Wohlbefinden gibt Sicherheit. Das betrifft sowohl das äußere Erscheinungsbild des Körpers beziehungsweise den hörbaren Klang der Stimme als auch die Körperwahrnehmung, Körperspannung, und Ruhe in den inneren Organen.

Achte daher am Tag des Auftritts darauf, in eine gute Verbindung zu deinem Körper zu kommen, ihn wahrzunehmen, ihn in einen Zustand zu bringen, der sich gut für dich anfühlt, und zu der Leistungsfähigkeit, die du jetzt von ihm brauchst. Dies kannst du erreichen, wenn du ihn jetzt bewusst für die Bewegung und Ernährung deines Körpers bist.

Bewegung

Ein Auftritt ist geistig und auch körperlich eine Ausnahmesituation. Selbst geübte Redner haben einen erhöhten Herzschlag, Adrenalinausschüttung und eine gewisse körperliche Anspannung.

Ein sportlich trainierter Körper kann damit besser umgehen und erschöpft sich durch den Stress nicht so schnell. Sportliche Betätigung sollte also zum regelmäßigen Programm eines Redners gehören.

Direkt vor einem Auftritt allerdings absolviere nur ein leichtes Sportprogramm, um deinen Körper nicht zu erschöpfen. Gut sind hier beispielsweise Dehnungsübungen, da sie Verspannungen reduzieren.

TIPP: TANZE UND SINGE VOR DEM AUFTRITT

Nutze am Tag deines Auftrittes im Hotelzimmer oder der Garderobe die Gelegenheit, ein wenig zu tanzen und sing dabei – ob improvisiert oder nicht, ob mit oder ohne Musik, spielt keine Rolle.
Es lockert dich, es aktiviert dich, deine beiden Gehirnhälften kommen in Balance. Außerdem bringt es gute Laune und stärkt dein Selbstbewusstsein.

Ernährung

Was passiert, wenn du etwas Schweres isst? Was passiert, wenn du große Mengen zu dir nimmst? Du fühlst dich danach müde und aufgebläht. Der Körper muss Verdauungsarbeit leisten. Dein Gehirn wird nicht zu Höchstleistungen fähig sein. Du möchtest ruhen und dem Körper keine sportlichen Aktivitäten abfordern.

Schlechteste Voraussetzungen, um mit Leichtigkeit, Spannkraft und Wachheit einen Vortrag zu halten. Daher vermeide am Tag deines Auftritts, Schwerverdauliches und viel Fleisch zu essen.

Doch auch ein leerer Magen bietet keine gute Basis, um einen Vortrag zu halten. Dein Körper und dein Gehirn benötigen Energie, und Hungergefühl und ein knurrender Magen können sehr ablenken.

Hochleistungssportler – und nichts anderes bist du in dem Moment deines Bühnenauftritts – nehmen vor Wettkämpfen kohlenhydratreiche Kost zu sich, Marathonläufer beispielsweise essen häufig Nudeln vor dem Wettkampf.

Im täglichen Leben solltest du natürlich Wert darauf legen, dass deine Ernährung ausreichend Vitamine und Ballaststoffe und nicht viel an leeren Kohlenhydraten enthält. Am Tag deines Vortrags liegt jedoch der Schwerpunkt woanders, nämlich auf kurzfristiger Energiezufuhr und darauf, den Organismus nicht mit großen Verdauungsaufgaben zu beschäftigen. Am Auftrittstag ist also beispielsweise das ballaststoffarme, aber leichtverdauliche Weißbrötchen besser als das ansonsten gesündere Vollkornbrot.

Auf Knoblauch und Zwiebeln solltest du bereits einen Tag vorher verzichten. Diese geruchsintensiven Nahrungsmittel dünsten auch noch am darauffolgenden Tag aus den Körperporen.

Zwiebeln wirken zudem blähend, und auf Nahrungsmittel, die Blähungen verursachen, solltest du am Tag deines Auftritts generell verzichten – nicht nur deiner Umwelt, sondern auch dir zuliebe. Blähungen führen zu Druck in der Bauchgegend und können Schmerzen verursachen. Auch unerwünschte Geräusche können entstehen.

Auf Youtube finden sich zahlreiche Videos, auf denen ein Flatus durch das Mikrofon am Körper des Moderators für die Ewigkeit aufgezeichnet wurde. Auch wenn es das Publikum unterhaltsam finden mag, so möchtest du wahrscheinlich nicht in Erinnerung bleiben. Ist es geschehen, bleibt dir nichts anderes übrig, als es mit Humor und Gelassenheit zu nehmen.

In der Tabelle auf der nächsten Seite findest du einen Überblick, welches Essverhalten vor dem Auftritt günstig und welches ungünstig ist. Wie ein Körper einzelne Nahrungsmittel verträgt und auf sie reagiert, ist natürlich individuell. Wenn du weißt, was dir gut bekommt und dir ein gutes Gefühl gibt, kannst du genau das am Tag deines Auftritts zu dir nehmen. Für das Ausprobieren neuer Speisen ist jetzt aber eher nicht der richtige Zeitpunkt.

Essen vor dem Auftritt: Dos und Don'ts

Dos	Don'ts
ein leichter Snack 30 bis 15 Minuten vor Auftrittsbeginn	große Mahlzeiten in den letzten ein bis zwei Stunden vor dem Auftritt
Leichtverdauliches, Kohlenhydrate: Nudeln, Reis, Tomaten, gekochte Karotten, Bananen, generell säurearmes, gut gereiftes Obst, Weißbrot, Rührei	Fettiges, Schweres, Blähendes: Bratwurst, Hülsenfrüchte (außer rote Linsen), Kohl, sehr frische Backwaren (besonders Vollkorn), hartgekochte Eier
leicht mit Kräutern gewürzte oder neutrale Speisen	scharfe, sehr salzige Speisen; Zwiebeln und Knoblauch
Gekochtes, Gedünstetes, Gedämpftes, ohne Fett Gegrilltes	Frittiertes, stark Gebratenes, Rohes

Wie sieht es mit dem Trinken aus?

Während der Stunden vor deinem Auftritt solltest du viel trinken. Das erhält die Spannkraft, die Zellen brauchen Flüssigkeit dazu. Eine halbe Stunde vor dem Auftritt solltest du allerdings keine großen Mengen mehr trinken, zu groß ist das Risiko, dass sich während deiner Präsentation die Blase bemerkbar macht.

Am besten, vor dem Auftritt wie auch währenddessen, ist lauwarmes stilles Wasser. Kohlensäurehaltiges Wasser führt zum Aufstoßen und kaltes Wasser kann zu Magenattacken führen und zieht vom Körper zudem Wärme und damit Energie ab. Sehr gut ist auch Ingwertee, insbesondere für Menschen, die leichter frösteln. Ingwer wärmt, regt den Kreislauf an, stärkt die Abwehrkräfte und ist gut für die Stimme.

Kaffee regt das vegetative Nervensystem an. Wenn du zu denen gehörst, die selbst noch vor einem Auftritt einen zu niedrigen Blutdruck haben, dann kannst du ein koffeinhaltiges Getränk zu dir nehmen. Bist du aber nervös, dann verzichte lieber darauf.

Bei Tee und Kaffee und sonstigen Heißgetränken solltest du auf jeden Fall darauf achten, dass die Flüssigkeit ein wenig abgekühlt ist, wenn du sie zu dir nimmst, da sehr heiße Getränke das Gewebe um den Kehlkopf irritieren können.

Ein Gläschen Sekt kann deiner Entspannung zwar förderlich sein, aber bedenke: Schnell kann eine Abhängigkeit entstehen. Vom Alkohol, aber auch vom Glauben, dass du eine bestimmte Substanz zu dir nehmen musst, um in einen guten Zustand zu kommen. Zudem wird bei Alkohol die künstliche Entspannung oft erkauft mit einer

Reduzierung der Konzentration. Generell ist von bewusstseinsverändernden Mitteln abzuraten. Besser du veränderst dein Bewusstsein durch Mentaltechniken, wie du sie in diesem Buch vorgestellt bekommst.

Auf der Bühne kann es zu Unterzuckerung, zu einem Durchhänger, kommen. Daher habe stets etwas Traubenzucker bei dir. Traubenzucker geht sofort ins Blut und liefert Energie. Die kleine Unterbrechung wird das Publikum dir gerne verzeihen, wenn du sie mit Nonchalance kommentierst.

Mental einstimmen: Mindset und Ritual

Das Mindset abrufen
In der der Wartezeit vor deinem Auftritt bist du vielleicht sehr angespannt. Jetzt gibt es kein Entrinnen mehr, Flucht ist ausgeschlossen, aber sofort loslegen und die Spannungsenergie für einen energetischen Auftritt nutzen geht auch noch nicht. Selbst wenn du nicht zur Angst neigst, wirst du feststellen, dass dein System bereits vor deinem Auftritt anfängt, auf Hochtouren zu laufen. Das gleicht einem Sportwagen, der im Leerlauf den Motor hochjagt – und dadurch Schaden nehmen könnte.

Jetzt geht es darum, die Energie für dich positiv zu nutzen, anstatt sie in Panikattacken fließen zu lassen. Deine Stabilitätssäule in der Anspannung vor dem Auftritt ist dein positives Mindset, das du dir im Vorfeld erarbeitet hast. In Teil A dieses Buches findest du hierzu einen größeren Abschnitt.

Dieses Mindset kannst du dir jetzt vergegenwärtigen. Mach dir immer wieder klar, warum du heute auf der Bühne stehst. Worum gehst es dir? Ruf dir noch einmal deine eigenen Stärken in Erinnerung und wofür du stehst.

Du kannst jetzt positive Glaubenssätze, die du vorher aufgeschrieben hast, dir selbst laut vorlesen. Die Wiederholung führt zum Glauben und dann zur Überzeugung. Sag also nur gute und das Selbstbewusstsein stärkende Dinge. Verwende kurze, aktiv formulierte Sätze, wie zum Beispiel: „Ich bin ein phantastischer Redner". Oder: „Ich halte einen großartigen Vortrag".

Deine positiven Glaubenssätze solltest du auch im Alltag immer wieder lesen und aussprechen. Schreibe sie auf Haftnotizen und verteile sie in deiner Wohnung.

MIT VISUALISIERUNG DIE INNERE STÄRKE FESTIGEN

- Vergegenwärtige dir mit geschlossenen Augen starke innere Bilder.
Denke an etwas, das dich mit Kraft und Energie und Positivität erfüllt. Zum
Beispiel das Meer mit seiner Ruhe und Kraft, das aber auch aufbrausend sein
kann. Oder ein Krafttier, das du gerne sein würdest. Auch Bilder von Helden-
figuren aus der Geschichte, Filmen oder Romanen können Kraft geben.
Wenn du einmal dein inneres Bild gefunden hast, dann versuche ein Foto
davon zu finden und lade es als Hintergrundbild auf dein Mobiltelefon.

- Visualisiere, wie das Publikum dich feiert, wie deine Gäste deine Freunde
sind, wie die Präsentation gut verlaufen wird. Und vergiss nicht, dass du
dir und deinem Publikum einen tollen Tag wünschst.

Ritual vor dem Bühne-Betreten

Die Zeit kurz vor deinem Auftritt ist eine Situation großer Anspannung.
Wenn der Auftrittsbeginn sich spontan verzögert, kann zusätzliche
Nervosität entstehen und die hinzugekommene Wartezeit zu Über-
sprungshandlungen und Grübeleien verführen.

In einer solchen Situation ein persönliches Ritual parat zu haben,
bietet in unschätzbarem Maße Sicherheit, denn es stellt eine Konstante dar, an der du dich festhalten kannst. Das Ritual holt dich in den
gegenwärtigen Moment und zu dir selbst. Es hält dich bei dir, wenn die
Gefahr droht, dass du dich vor Aufregung mental zerstreust und zerfa-
serst.

Schaffe dir dein ganz persönliches Ritual. Stelle eine Abfolge von kleinen Handlungen zusammen, von denen du weißt, dass sie dir gut tun
und dich gleichzeitig beruhigen und stärken.

Sehr gut ist es, wenn du körperorientierte Elemente in deinem Ritual
hast, denn sie lenken die Konzentration auf den Körper und weg von
den Gedanken. In diese können sich in der Phase kurz vor dem Auftritt
nämlich ganz schnell wieder Zweifel und Ängste einschleichen. Schon
einfache Stretch- und Gymnastikübungen, bewusst und kontrolliert
durchgeführt, lösen körperliche und geistige Angespanntheit und machen außerdem deine Muskeln warm und beweglicher für deinen Auftritt.

Bevor du auf die Bühne gehst, durchläufst du das Ritual nach seinem
individuellen Plan und kannst mit klarem Kopf vor deine Zuhörer treten.

ELEMENTE FÜR EIN RITUAL VOR DEM BÜHNE-BETRETEN

Hier sind einige Elemente, die du in dein Ritual einbauen kannst. Sie helfen dir dabei, dich zu beruhigen und dir selbst gleichzeitig Kraft zu geben.

- **Entspannung, einfachste Übung**
  Gähne laut und strecke deinen Körper.

- **Stimme aufwärmen**
  1. Summe einen Ton längere Zeit, dann hoch und runter summen.
  2. Verbinde Konsonant (am besten M) und Vokale, um mehr Resonanz zu bekommen: maaammm, meeemmm, miiimmm, mooommm, muuummm.
  3. Stimmübung mit körperlicher Bewegung: Gehe leicht in die Knie, lasse die Arme dabei hängen, beim Hochgehen sprich einen Vokal und nimm gleichzeitig Arme und Hände nach vorne. Schick den Vokal mit dieser Bewegung weit in die Ferne vor dir.

- **Zelebriere deine Power-Pose**
  Machtvolle   Posen führen zu einer Zunahme deines Testosteronspiegels bei gleichzeitiger Abnahme des Stresshormons Cortisol.
  Nimm eine weite, offene und raumeinnehmende Körperhaltung ein. Mache dich groß, die Arme und Beine weit auseinander, strecke dich.
  Nutze die Kraft der Autosuggestion und sage dir selbst: Ich bin groß!
  Finde deine eigene Pose, bei der du dich als Gewinner fühlst.

- **Visualisieren**
  Dein Siegerbild hast du bereits vorher für dich geschaffen, indem du eine Situation, in der du dich super gefühlt hast, in dir hervorrufst.
  Lege dich hin und rufe dein inneres Siegerbild durch das Bilden einer Faust auf. Entspanne die Faust ein wenig, pumpe mit der Faust.
  Visualisiere dieses Bild intensiv und fühle es mit all deinen Sinnen. Lade dieses innere Bild mit aller positiven Energie auf und speichere es in deinem Bewusstsein).

- **Höre dein Power-Musikstück**
  Suche dir ein Musikstück aus, das dich emotional pusht. Bleibe bei diesem Musikstück vor deinen Auftritten. Wenn du es kennst, kannst du die volle Power des Liedes aufsaugen, ohne über Text oder Fortgang der Melodie nachdenken zu müssen.

Was tun bei Lampenfieber und Redeangst?

Es verbleibt nur noch wenig Zeit – gleich wirst du deinen Namen hören und auf die Bühne gerufen. Jetzt gibt es kein Zurück mehr. Du würdest am liebsten fliehen. Das Herz schlägt schneller, Angstschweiß bricht aus und die Knie beginnen zu zittern. Der Mund wird zu einer Wüste und die Zunge klebt am Gaumen. Das Gesicht und die Ohren gleichen einem roten Leuchtturm, rote Flecken entstehen am Hals und Dekolletee. Stärkste innere Anspannung und Unruhe, Versagensängste, Blackout-Gefahr.

All diese Gedanken und Körperreaktionen nennt man Lampenfieber. Ein schöner Begriff, denn es ähnelt tatsächlich einem Fieber, das durch Scheinwerferlicht hervorgerufen wird.

Grundsätzlich ist das Lampenfieber Zeichen für etwas Gutes, es sagt aus, dass dir die Sache wichtig ist, dass du innerlich absolut beteiligt bist. Auch die echte Rampensau hat ein bisschen Lampenfieber, aber es beeinträchtigt sie nicht, sondern sie versteht es, das Lampenfieber zu kanalisieren und in zusätzliche Energie für ihren Auftritt zu verwandeln.

Wenn du schon einmal oder mehrmals die positive Erfahrung gemacht hast, dass du auch mit vorherigem Lampenfieber deinen Auftritt gut meisterst, weißt du, dass das Ziel nicht ist, das Lampenfieber loszuwerden. Die richtige Herangehensweise ist, es konstruktiv zu nutzen. Dafür ist es hilfreich zu verstehen, was Lampenfieber ist, woher es kommt und was es im Körper und mental bewirkt.

Die Anforderung, vor Publikum zu sprechen, und die Ängste, die damit verbunden sind, versetzen den Körper in einen gefühlten Kampf-oder-Flucht-Zustand. Um für das imaginär bevorstehende Kämpfen oder Fliehen fit zu sein, sendet das Körpersystem das kreislaufaktive Adrenalin aus. Da es aber in der realen Situation keine Notwendigkeit für Kämpfen oder Fliehen gibt, ist nun Energie aktiviert, die nicht benötigt wird. Der Überschuss an Adrenalin im Körper, die von ihm angekurbelten Reaktionen wie der erhöhte Puls und die starke Durchblutung von Gesicht und Hals sind jetzt nicht nützlich, sondern störend.

Mit der Ausschüttung des Adrenalins hat dein Körper im Prinzip aber nur akute Leistungsfähigkeit hergestellt; er hat nicht festgelegt, ob diese nun für einen Kampf, eine Flucht, für störende Körpererscheinungen oder eben für das Halten eines Vortrags verwendet werden soll. Du hast also die Möglichkeit, mit der vorhandenen Power die Leistung zu speisen, die du mit deinem Auftritt erbringst.

Um die überschüssige Energie, dahin zu lenken, wo du sie haben willst, braucht es einen bewussten Umgang mit ihr. In der Psychologie ist schon lange bekannt: Energie folgt der Aufmerksamkeit. Der Ansatz ist also, deine Aufmerksamkeit von den Ängsten in deiner Vorstellung wegzulenken, hin zu der realen Situation und darauf, was in dieser jetzt wichtig ist.

Ganz ohne Übung ist es natürlich nicht einfach, dies in der Praxis sofort vollständig umzusetzen. Aber allein zu wissen, dass das Lenken deiner Aufmerksamkeit der Schlüssel dafür ist, deinem Lampenfieber konstruktiv zu begegnen, gibt dir die Möglichkeit, in jeder akuten Lampenfiebersituation diese Richtung einzuschlagen. Weiter unten findest du Techniken und Tipps, die dir dabei helfen sollen.

Deine Energie folgt deiner Aufmerksamkeit.

Vorher aber noch ein paar Worte zur Redeangst. Das tatsächliche Objekt der Angst zu kennen, ist wichtig, denn wenn du deine Angst verstehst, kannst du dich besser mit ihr auseinandersetzen und mit ihr umgehen.

Genau betrachtet ist Redeangst nicht die Angst vor dem Reden an sich, sondern vor dem Scheitern. Scheitern in Form davon, vom Publikum nicht akzeptiert zu werden, von ihm für schlecht oder langweilig befunden zu werden. Nicht nur beim Reden-Halten, sondern auch bei allen anderen Arten von Bühnendarbietung ist Auftrittsangst in Form von gesteigertem Lampenfieber zu finden, sie ist unter Musikern, Schauspielern und Sportlern weithin bekannt.

Sehr oft ist die Ursache für einen weniger guten Auftritt die Auftrittsangst selbst und die Unkenntnis, wie mit ihr umzugehen ist, denn zittrig bange vor ein Publikum zu treten, ist natürlich von vornherein weniger förderlich für eine ansprechende Performance als mit Zuversicht und Selbstsicherheit. Auch kann schlicht eine unzureichende fachliche Vorbereitung der Grund dafür sein, wenn eine Rede, ein Musikvortrag oder eine sportliche Leistung nicht gelingt. Dies mag ein Anlass sein, sich akut über das eigene Versäumnis zu ärgern, bietet aber die Chance, daraus zu lernen und sich für den nächsten Vortrag intensiver und systematischer vorzubereiten. In jedem Fall sollte aus der einen weniger guten Leistung kein negativer Rückschluss auf die eigenen Fähigkeiten und Möglichkeiten insgesamt gezogen werden.

Wenn bei dem Vorhaben, vor Menschen zu sprechen oder sich auf der Bühne zu präsentieren, Panikattacken auftreten, kann dies ein Zeichen für tiefer sitzende Ängste, unbewusste Blockaden und Traumata sein.

Die Macht des Unbewussten ist enorm, was der Hypnose-Experte Alexander Hartmann sehr deutlich in einem Experiment zeigt: Er lässt einen gesunden, stabilen Mann den Arm ausstrecken und eine Faust machen. Er spricht mit ihm, berührt ihn – und trotz klarem Tagesbewusstsein und aller Willensanstrengung kann der Mann die Hand plötzlich nicht mehr öffnen.

Hartmann nennt das einen „Reality-Loop", der beispielhaft auch in unserem Leben stattfindet. Ein Gedanke geht ins Unbewusste, geht in den Körper, wird zu einer Erfahrung und verfestigt sich zu einem Glaubenssatz. Der Kreislauf nährt sich selbst. Bilder, Gedanken, innere Stimmen wirken. Wer also sein Unbewusstes „bereinigt", befreit sich von unerwünschten Konditionierungen. Die Angst eines Redners, vom Publikum geringgeschätzt zu werden, ist im Kern oft ein solcher konditionierter Glaubenssatz, die Vorstellung, nicht gut genug zu sein.

Wenn du mit starker Redeangst zu kämpfen hast, kannst du im Abschnitt *Deine Einstellung zu dir selbst* in Teil A dieses Buches mehr darüber lesen, wie du solche tiefsitzenden negativen Denkmuster erkennen und langfristig mit ihnen umgehen kannst.

Was aber kannst du akut in der Situation kurz vor deinem Auftritt tun, um Redeangst und Lampenfieber zu bändigen?

Nimm zunächst die Situation an. Nimm dich an, wie du dich gerade fühlst. Alles, wie es jetzt ist, darf sein. Wenn du Druck aufbaust, entsteht Gegendruck. Wenn du dich aber der Angst stellst, wenn du durch die Angst hindurchgehst, wird sie immer weniger mächtig. Lenke deine gedankliche Aufmerksamkeit jetzt weg von den *Vorstellungen* des Scheiterns und hin zu dem, was in diesem Moment gerade wirklich *ist*.

Auch wenn deine Angst real ist, die Bedrohung ist es nicht. Mach dir bewusst, dass die gefühlte Bedrohung nicht der Realität entspricht. Die Bedrohung ist eine gefühlte, denn eine Präsentation vor Publikum ist tatsächlich nichts, das dich existenziell gefährdet. Es ist deine Identifikation mit deinen Gedanken, die dich Szenarien von Versagen, Scham, Ohnmacht und Verurteilung entwerfen lässt und zu den emotionalen Achterbahnfahrten und körperlichen Reaktionen führt.

Dein Lampenfieber und deine Redeangst sind also eine Reaktion auf eine von dir selbst geschaffene Projektion in deinem Bewusstsein. Du denkst etwas und das löst eine emotionale Reaktion aus. Oft hat aber das Denken beziehungsweise das Gedachte nichts mit der Realität außerhalb von dir zu tun. Du gehst zum Beispiel nachts einen mondbeschienenen Weg entlang und erschrickst über eine Schlange, die du plötzlich vor dir liegen siehst. Bei genauerem Hinsehen erkennst du, dass es bloß ein Seil ist. Als du Angst empfunden hast, hast du also projiziert.

Wenn du nun deine Auftrittsängste mit der Realität abgleichst, kannst du feststellen: Du bist ein Mensch, wie alle anderen da draußen auch. Kein Mensch im Saal will dir wirklich etwas Böses. Was dich beeinträchtigt, ist deine Angst vor dem Versagen, dem Rotwerden, dem Stottern, dem Sich-Verhaspeln. Die Angst, nicht angenommen zu werden, die Angst, vor einem peinlichen Auftritt, die Angst, nicht perfekt zu sein.

Werde dir darüber klar, dass alles, wovor du gerade Angst hast, in deinem eigenen Kopf entsteht und nur dort geschieht. Du selbst bist es, der den Angstfilm in deinem Kopf zum Laufen bringt – damit aber auch der, der ihn wieder abstellen kann.

Du selbst nimmst das alles viel wichtiger als dein Publikum. Wenn du einen vermasselten Moment bei seinem Auftritt hast, werden die Menschen in einem Monat noch an einen solchen Vorfall denken? Wohl kaum. Anderen Menschen ergeht es mit ihren Ängsten genauso wie dir. Niemand trachtet dir nach dem Leben und niemand wird sich von dir abwenden, nur weil du einen Vortrag nicht hundertprozentig perfekt vorgetragen hast. Und sollte es tatsächlich missmutige Menschen geben, die Schadenfreude empfinden, dann mache dir klar, dass diese Menschen ein echtes charakterliches Problem haben, und mit Gedanken über solche Menschen möchtest du ohnehin nicht deine Lebenszeit verbringen, oder?

Eine tiefsitzende Redeangst ist natürlich von einem Moment auf den anderen durch das Lesen von Tipps oder Anweisungen nicht zu beseitigen. Die Auflösung dieser Angst erfordert Zeit und du benötigst gegebenenfalls psychologische Unterstützung.

Ein paar Sofort-Maßnahmen des gezielten Denkens und Handelns können aber dabei helfen, akute Auftrittsangst einzufangen und in Schach zu halten:

Baue auf deine gute Vorbereitung

Das A und O für die Überwindung von Redeangst ist, gut vorbereitet zu sein. Denn du weißt dann, wovon du sprichst und kannst dich wie ein Fisch im Wasser fühlen. Du hast dein Bestes im Vorfeld getan, gleich wirst du da rausgehen und dein Publikum begeistern.

Affirmationen statt Projektion

Probiere aus, ob dir Sätze wie diese helfen, deine Gedanken von der Projektion weg und zur Realität hin zu bewegen.

- An Lampenfieber ist noch keiner gestorben.
- Mein Leben geht weiter, was immer auch da oben auf der Bühne geschehen mag. Die Sonne wird auch für mich weiterhin scheinen.
- Es ist unmöglich, es allen recht zu machen.
- Wie mir jetzt ergeht es hunderttausenden anderen auch in solch einer Situation.
- Im Publikum sitzen Menschen, und jeder Einzelne von ihnen hat auch seine Schwächen.
- Angst, schau mir in die Augen! Du kannst mir nichts anhaben. Ich habe dich geschaffen und ich lasse dich jetzt wieder zu Staub werden.

Stelle dir den Worst Case vor

Male dir, ganz bewusst als Gedankenspiel, deine größten Befürchtungen und Fehltritte aus. Damit nimmst du die Bedrohungsenergie aus der ganzen Sache, weil dich nichts mehr überraschen kann. Mach es aber bitte nur einmal, denn du solltest keine Energie in negative Manifestationen verschwenden. Merke dir einfach ein paar Sätze oder Handlungen vorab, wie du mit einer dir nicht angenehmen Situation umgehen wirst, wenn sie eintreten sollte.

Visualisiere eine erfolgreiche Präsentation

Imaginiere den gesamten erfolgreichen Ablauf deiner Rede. Imaginierte Bilder werden vom Unbewussten gleich behandelt wie reale Erlebnisse. Stelle dir also bildhaft vor, wie du mit fester, tragender Stimme deinen Vortrag hältst. Stelle dir das so oft und voll bewusst vor wie möglich. Das ist mentales Training: Du gehst den gesamten Vortrag vom Gang zur Bühne über den Vortrag bis zum Abgang im Geist komplett durch.

Gehe in Kontakt zu deinem Körper

In Kontakt zum eigenen Körper zu gehen, ist immer ein gutes Mittel, sich ins Hier und Jetzt zu holen. Wie fühlst du dich? Was fühlt sich wo in deinem Körper wie an? Sprich deine Wahrnehmungen laut aus. Nach einer gewissen Zeit sollte sich eine erste Beruhigung einstellen.

Probiere dann gezielte körperbezogene Handlungen aus:

- Atme tief und entspannt in den Bauch und die Flanken. Das wird dich beruhigen. Schnappatmung und hektische Brustatmung führen zu höheren CO_2-Werten im Blut.
- Nimm eine starke und positive Körperhaltung ein. Richte deine Haltung auch auf, wenn du dich nicht danach fühlst, die Hormonausschüttung wird trotzdem aktiviert.
- Personalisiere dein Adrenalin. Begrüße deinen alten Freund Adrenalin und heiße ihn willkommen. Bitte ihn um Unterstützung, sprich mit ihm. Deine Wahrnehmung wird durch ihn geschärft und er gibt dir mehr Power.
- Klebt deine Zunge am Gaumen und dein Mund ist trocken, dann visualisiere den Biss in eine Zitrone oder lutsche eine Halspastille.
- Bewege dich! Die Hormonausschüttung ist hoch, aber weder kannst du jetzt kämpfen noch fliehen oder einen Weinkrampf bekommen. Deshalb setze die Energie in Bewegung um, das lindert die Anspannung.
- Steigt Panik in dir auf, führe das Stopp-Ritual durch: Schnippe mit den Fingern oder kreiere ein Wort, das Du laut aussprichst. Es ist das

Zeichen, sofort bewusst aus der emotionalen Situation rauszugehen: Schluss damit!

Was am meisten hilft: Freude!

Lasse Freude in deine Gedanken. Motiviere dich durch Musik hören, durch das Betrachten positiver Bilder, durch Lesen aufbauender Sätze, durch die Erinnerung an ein lustiges Erlebnis. Lache deine Stresshormone weg! Lebensfreude ist Liebe in Aktion und auf der Bühne bist du in Aktion!

EXTRA-TIPP

Wenn du außerstande bist, einen kompletten Vortrag alleine zu halten, dann gibt es den folgenden Trick: Wandle deine Rede in ein Interview um.

Suche dir einen Fragesteller für den Bühnenauftritt. So verlierst du nicht den Überblick, denn der Interviewer kann dich immer abholen, wenn ein Blackout droht.

3.1.3 Phase 3: während des Auftritts

Ab dem Zeitpunkt, in dem du angekündigt wirst, ab dem Zeitpunkt, wo dein Gang zur Bühne beginnt, bist du „live". Du performst jetzt. Von jetzt an bis zum Abgang hinter den Vorhang stehst du im Rampenlicht, im Fokus.

Wenn du dir im Vorfeld gut überlegt hast, was du jetzt hier auf der Bühne wann, wie und warum tust, kannst du vor dem Publikum dein Thema mit Selbstsicherheit präsentieren.

Der Gang auf die Bühne

• Gehe am besten aus Sicht des Publikums von links auf die Bühne.
• Übe den Aufgang vorher.
• Schweige, während du die Bühne betrittst.

Du hast noch kein einziges Wort gesprochen, und doch findet in diesen ersten Sekunden bereits eine – häufig unbewusste – Beurteilung deiner Gesamterscheinung durch das Publikum statt. Es gibt keine zweite Chance für den ersten Eindruck. Wenn dieser Ersteindruck schiefgelaufen ist, bedarf es im Folgenden überproportional mehr Einsatz von dir, um das Bild wieder zu korrigieren.

Das Publikum erfasst dich optisch in Sekunden: deine Bewegungen, deine Kleidung, deine Schuhe, mögliche Statussymbole, deinen Gesichtsausdruck, deine Frisur, deine Hände, deine Gepflegtheit – und kurze Zeit später achtet es auf den Klang deiner Stimme und deiner Ausdrucksweise.

Der Vorgang, bei dem die Personen, die dich sehen und hören, direkt innerlich einschätzen, wird sehr gut mit dem Begriff **GHISK** umschrieben:

G – Gefahr
Stellst du eine potentielle Gefahr für dein Gegenüber dar?
H – Hierarchie
Welche gesellschaftliche und soziale Position hast du inne?
Bist du höher oder niedriger gestellt als der Zuhörer?
I – Interesse
Erweckst du Interesse und Vertrauen bei deinem Gegenüber?
Aber auch: Strahlst du Interesse aus für deine Zuhörer?
S – Sympathie
Empfindet der Zuhörer Sympathie für dich und gibt dir damit einen Bonus?
K – Kompetenz
Vermittelst du den Eindruck, als wüsstest du, wovon du sprechen wirst? Bist du ein Experte auf dem Gebiet? Weißt du wirklich mehr als deine Zuhörer?

Bevor du vor das Publikum trittst, überprüfe noch einmal den korrekten Sitz deiner Kleidung. Sammle dich, und dann gehst du zu deiner Position auf die Bühne. Auf diesem Weg verlierst du kein Wort. Bist du angekommen, schaust du für ein paar Sekunden schweigend dein Publikum an. Dann beginnst du mit deiner Rede.

Es hat einen großen positiven Effekt, dir einen Moment Zeit zu lassen, bevor du zu sprechen beginnst, auch wenn die Sekunden dir wie eine Ewigkeit erscheinen mögen. Das Publikum wird ruhiger und gleichzeitig gespannter sein auf das, was kommt. Und du hast die Gelegenheit, ein Gefühl für dein Publikum zu entwickeln, um es einschätzen zu können und Blickkontakt zu ihm aufzubauen.

Wenn es möglich ist, gehst du am besten vom Publikum aus gesehen von links auf die Bühne. Es scheint einem natürlichen harmonischen Empfinden zu entsprechen, dass – unbewusst – der Auftritt von links als Beginn und der Abgang nach rechts als Ende empfunden werden. Vermutlich kommt das daher, dass wir in unserem Alltag es gewohnt sind, Aktionen von links nach rechts ablaufen zu sehen und auszuführen: Wir schreiben und lesen von links nach rechts, die Kreise der (Sonnen-)Uhr und des ablaufenden Badewassers laufen von links nach rechts, und es ließen sich noch mehr Beispiele finden.

Beim Gang auf die Bühne wirst du aufgeregt sein, und wenn du gleich in dem Augenblick, wo dich das Publikum zum ersten Mal sieht, stolperst, wärst du sicherlich alles andere als froh.

Übe deshalb während deiner Vorbereitungszeit ein paarmal den Aufgang, bis du dich sicher fühlst. Finde dein Tempo heraus, mit dem du einen gleichmäßigen Gang hast, der energetisch ist, ohne vorpreschend zu wirken, und ruhig, ohne Behäbigkeit auszustrahlen.

Sitzen oder stehen?

• Kläre deine Absicht und dein Ziel, daraus ergibt sich die Antwort.
• Gehe rechtzeitig den Bühnenaufbau mit dem Veranstalter und
  den Personen von der Technik durch.
• Kläre körperliche Einschränkung möglicher Gesprächspartner
  rechtzeitig ab.

Der Bühnenaufbau hängt vom Inhalt deines Vortrags und von deiner Intention ab. Bist du alleine auf der Bühne oder mit mehreren? Wirst du Interviews führen? Hast du eine PowerPoint-Präsentation oder benutzt du ein Flipchart? Willst du dein Publikum motivieren und unterhalten oder eher informieren?

Bist du ein Speaker und agierst allein auf der Bühne, dann wirst du unterhalten und motivieren wollen. Dann ist es am besten, wenn du die Rede im Stehen hältst und dabei die Möglichkeit hast, dich auf der Bühne frei zu bewegen.

Willst du aber eine Informationsrede halten, dann kannst du an einem Rednerpult stehen mit Laptop-Anschluss und Beamer oder auch in der Mitte der Bühne, wo du mit Hilfe eines Flipcharts etwas verdeutlichen kannst.

Sind eine oder mehrere weitere Personen mit dir auf der Bühne, muss vorab geklärt werden, ob diese über einen längeren Zeitraum zu stehen vermögen, damit du mit entsprechender Fürsorge reagieren kannst, falls eine der Personen in diesem Punkt eingeschränkt ist.

Willst du eine entspannte Atmosphäre schaffen, dann nutze Sitzgelegenheiten. Vermeide große weiche Sofas, in die deine Gesprächspartner einsinken, und tiefe Sofas, bei denen die Knie unansehnlich hochgestellt sind. Vermeide auch Drehsessel, sie verleiten dazu, sich ständig unruhig hin und her zu drehen.

Wenn die Wahl auf das Stehen fällt, machen sich ein bis zwei Stehtische gut. Oder die bekannten TV-Stehbrücken, bei denen man jeweils am äußeren Ende steht.

Mikrofon und Akustik

Stimme klingt auch schon ohne Mikrofon für dich selbst anders als für deine Zuhörer. Eine Steigerung erfährt das Ganze, wenn du jetzt – vielleicht zum ersten Mal – durch ein Mikrofon sprichst und deine Stimme über die Boxen verstärkt wird. Das kann eine Hemmschwelle sein und dich völlig aus dem Konzept bringen. Daher solltest du dies unbedingt vorher einmal geprobt haben.

Der Soundcheck ist dazu die letzte Möglichkeit vor deinem Auftritt. In Zusammenarbeit mit den Menschen der Tontechnik-Abteilung kannst du die Bühne ablaufen, parallel dazu ins Mikrofon sprechen und überprüfen, wo es möglicherweise auf der Bühne zu Rückkoppelungen oder Übertragungsproblemen kommt.

Es gibt mehrere Arten von Mikrofon, bei denen jeweils verschiedene Dinge zu beachten sind.

Handmikrofon

Das Handmikrofon gibt dir Bewegungsfreiheit. Es ist meist ein Richtmikrofon, sodass Störgeräusche um dich herum nur schwach übertragen werden. Es ist gut geeignet für Interviews mit einem oder zwei Partnern. Allerdings hast du immer nur eine Hand frei. Und wenn du mit Moderationskarten arbeitest, dann siehst du nicht nur überfrachtet aus, sondern musst fast schon eine akrobatische Einlage beim Kartenwechsel leisten.

Richte die Mikrofonspitze von leicht schräg unten auf den Mund aus, so dass das Gesicht nicht verdeckt wird. So, als ob du mit einer Taschenlampe die Mundhöhle ausleuchtest. Der Abstand zum Mund sollte handbreit sein.

Denke daran, mit deiner Mikrofonhand nicht herumzuwedeln. Unterstreichende emotionale Arm- und Handbewegungen sind nur noch mit dem anderen Arm möglich. Du kannst dir auch zusätzlich einen Mikrofonständer auf die Bühne stellen lassen und dein Mikrofon dort befestigen. Dann bist du zwar wieder räumlich gebunden, aber die Hände sind frei.

Ein sogenannter Windschutz, der über das Mikrofon gestülpt wird, dient bei Außenaufnahmen der Reduzierung der Windgeräusche.

Er kann auch in Innenräumen sinnvoll sein, wenn du eine besonders harte Aussprache hast. Diese zeigt sich bei den Plosivlauten wie P und K. Wenn du zum harten Aussprechen von Plosivlauten neigst, versuche, das P eher wie ein B und das K eher wie ein G auszusprechen. Aber das ist wirklich nur für Fortgeschrittene und sollte dich nicht zusätzlich belasten. Der Toningenieur vor Ort ist auf jeden Fall der kompetente Ansprechpartner, wenn du dir unsicher bist.

Schwanenhals-Mikrofon

Stehst du an einem Rednerpult, wirst du wahrscheinlich in ein Schwanenhals-Mikrofon sprechen. Das ist fest installiert und lässt sich lediglich in der Höhe etwas variieren. Mit einem Schwanenhals-Mikrofon bist du somit an deine Position am Pult gebunden.

Wenn du für deine Rede Stellen einplanst, an denen du das Pult vorübergehend verlässt, solltest du also bedenken, dass deine Stimme in diesen Momenten für das Publikum nicht (gut) zu hören sein wird. Eine elegante Möglichkeit ist, diese Stellen dramaturgisch als Redepausen zu nutzen, in denen kurzzeitig nur dein Körper zum Publikum spricht. Falls es aber nötig ist, dass du auch abseits vom Pult hörbar bist, lege ein Handmikrofon bereit, auf das du dann zurückgreifst.

Headset

Am besten ist das Headset. Über einen Bügel wird es am Kopf platziert und ein biegbarer Mikrofonarm erlaubt dir das genaue Justieren des kleinen Mikrofonkopfes vor deinem Mund. Die Hände sind frei, alle Bewegungen auf der Bühne möglich.

Eine kleine Sendeeinheit, die du am Gürtel oder in einer Hosentasche trägst, überträgt das Signal zu dem Mischpult der Tontechniker. Diese sehen es gar nicht gerne, wenn ein Redner an diesem Gerät herumspielt. Sie werden das Mikrofon und die Sendeeinheit an deinem Körper festmachen und es auch wieder abnehmen.

Zur Sicherheit lasse dir ein Handmikrofon an den Bühnenrand legen. Fällt das Headset aus, kannst du sofort umsteigen. Auch für Interviews, die du möglicherweise führen wirst, brauchst du das zusätzliche Mikrofon.

Wichtig beim Headset: Vergiss bitte nicht, dein Mikrofon auszuschalten, wenn du auf die Toilette gehst. Der Tontechniker macht diesen Toilettengang sonst mit.

Das Vortragen der Rede

• Sei so authentisch wie möglich und sinnvoll.
• Sprich nicht nur mit dem Verstand, sondern auch mit dem Körper.
• Setze Pausen.

Etwa dreißig Sekunden hast du am Anfang die ungeteilte Aufmerksamkeit deines Publikums, in dieser Zeit solltest du die Angel ausgeworfen und das Publikum am Aufmerksamkeitsköder angebissen haben. Sonst wird innerlich weggeschwommen.

Authentisch agieren

Deine Authentizität ist das, was das Publikum am meisten überzeugen wird, auch wenn nicht alles perfekt läuft. Vermeide es, plötzlich eine gestelzte Ausdrucksweise zu verwenden, weil du jetzt vor Publikum sprichst. Die Auftrittskompetenz besteht neben der verbalen Sprache aus der Körpersprache, der Stimme und dem Inhalt – und alles davon muss zu deiner Persönlichkeit passen. Sprich ganz natürlich, sprich überzeugt und versuche zu überzeugen.

Allerdings bedeutet „authentisch" nicht, dass du dich immer gerade so gibst, wie du dich in dem Moment fühlst. Das wäre ein Missverständnis und würde dich schnell scheitern lassen. Authentizität bedeutet, dir und deiner Art, deinem Wesen treu zu sein, dich als Person also nicht zu verstellen und vorzugeben, du seist jemand anderes.

Trotzdem musst du dich natürlich professionalisieren, wenn du auf einer Bühne stehst und zu Menschen sprechen willst und kommunikativen Erfolg haben möchtest. Dazu gehört Disziplin, und da gibt es selbstverständlich Momente, in denen du nicht spontan deiner momentanen Befindlichkeit entsprechend agieren wirst. Wenn du keine Lust hast, eine Präsentation zu halten, dann wirst du sie trotzdem halten, wenn dich das Lampenfieber packt, wirst du trotzdem rausgehen und dein Ding machen, und du wirst auch nicht so reden, wie dir der Schnabel gewachsen ist, sondern selbstverständlich auf deine Wortwahl und auf deine Art des Vortragens achten. Das, was du vermitteln möchtest, hat Priorität, und dem hast du dich unterzuordnen.

Den Körper einsetzen
Arbeite mit deinem Körper! Unterstütze und unterstreiche mit deinem Körper, was du zu sagen hast.

Warum das so wichtig ist, macht das Eisbergmodell deutlich: Nur eine kleine Eisspitze ragt aus dem Wasser. Das ist das Tagesbewusstsein, der Verstand. Der viel größere Teil ist unter der Wasseroberfläche, das ist das Vorbewusste und Unbewusste. Im Unbewussten wird die Entscheidung gefällt, im Verstand wird diese Entscheidung dann rationalisiert. Das Unbewusste versteht aber keine Begriffe des Verstandes, keine Abstraktionen, es arbeitet mit Bildern, mit Gefühlen. Deshalb „versteht" das Unbewusste die Körpersprache, erfasst sie sofort intuitiv, ohne Vermittlung.

Wenn du also nur auf der Verstandesebene sprichst und ansonsten eingefroren dastehst, wird beim Publikum das Unbewusste nicht angesprochen, sondern der Verstand zum Arbeiten gezwungen. Arbeiten strengt an, bedeutet Energieaufwand, und der Mensch möchte lieber seine Energie aufsparen. Er geht also in den Widerstand, folgt nicht, schaltet ab. Und entscheidet sich damit gegen dich und deine Botschaft.

Große Bewegung um die Eisspitze herum, also auf der Verstandesebene, wird den unter Wasser liegenden Teil nicht bewegen. Aber umgekehrt werden selbst kleine Bewegungen im Unbewussten die Eisspitze kräftig zum Schaukeln bringen. Deshalb macht es auch keinen Sinn auf der sprachlichen Ebene ein Feuerwerk auf der Bühne zu entfachen, wenn es dazu keine passenden Bewegungen des Körpers gibt. Wenn aber das passende Gestik-Feuerwerk gezündet wird, mit der passenden Mimik und der passenden Stimme, dann zündet auch die gut geschriebene Bühnenrede.

Falls du die ganze Bühne bespielen kannst, vermeide es trotzdem, dich zu viel zu bewegen. Hektisches Hin- und Herlaufen lässt das Publikum auch hektisch werden. Übe dich darin, während des Sprechens still zu stehen. Dein Hauptplatz ist die Mitte der Bühne und gelegentlich wechselst du in die Ecken, damit auch dort das Publikum sich angesprochen fühlt.

Wenn du einmal nichts zu sagen hast, zum Beispiel, weil du auf eine Antwort aus dem Publikum wartest oder ein kurzer Einspieler im Bühnen-Hintergrund gezeigt wird, stehe einfach hüftbreit positioniert, die Hände vor der Körpermitte, oberhalb der Gürtellinie.

In dem Falle geht es auch, dass du die Hände hinter den Rücken nimmst; du bist weiterhin geöffnet, aber in vornehmer Zurückhaltung. Auch die Nachdenkerposition ist möglich, bei der du die Hand an das Kinn nimmst und den Finger senkrecht über den Mund legst.

Am besten ist es, wenn du beim Sprechen nichts in den Händen hast außer gegebenenfalls den Moderationskarten oder deiner PowerPoint-Fernbedienung. Keinen Stift bitte, der verleitet zum dauernden Spielen und sieht eher nach dem Gebrauch einer Waffe aus.

Auch wenn es besser ist, nichts in den Händen zu halten, so kann man sich doch eines nicht sichtbaren Kniffs bedienen, den der Vertriebsprofi Dirk Kreuter zu Anfang seiner Bühnenlaufbahn zur Beruhigung anwandte: Er hielt zwischen seinen Fingern ein kleines Papierkügelchen. Das Kügelchen war wie ein Blitzableiter für ihn, in den er spielerisch alle überschießende Energie ableiten konnte. Es gab ihm Halt. Fiel es runter, bemerkte das keiner und er holte einfach ein zweites aus seiner Jackentasche.

Auf die Sprache und das Timing achten

Deine Sprache sollte professionell und dabei herzlich sein.

Kläre vorher ab, ob dein Publikum erwartet, geduzt oder gesiezt zu werden. Geübte Sprecher verstehen es, dies zu Beginn auf eine charmante Art und Weise mit den Zuschauern auszuhandeln.

Das Wie, also die Verpackung, ist meistens beeindruckender als die Botschaft selbst. Dein Stimmwerkzeug gibt dir eine Bandbreite von Möglichkeiten, wie du etwas sagst und dadurch darauf einwirken kannst, wie das Publikum das Gesprochene aufnimmt.

Sprich langsam, sprich deutlich. Wenn du zum Schnellreden neigst, zeichne dir in dein Manuskript ein Zeichen, dass dich an das Langsam-Sprechen erinnert.

Füllwörter wie *also, gar, ja* sind nicht zum Verständnis des Kontextes notwendig – streiche sie. Vermeide auch Verzögerungslaute, wie *ähm* und *äh*, sie zeigen, du redest zu schnell und das Gehirn kommt nicht mit. Für das Publikum klingt es so, als seist du unvorbereitet, und das kann schnell nervend wirken. Lege lieber eine Pause ein und fahre dann fort. Kläre im Vorfeld für dich, was du sagen willst, wie du es sagen willst, und achte darauf, den Satz auch zu beenden.

Setze auch sonst in deiner Rede ganz bewusst Pausen ein. Kunstpausen haben eine starke Wirkung, das Gesagte kann nachklingen oder es wird eine stille Spannung erzeugt vor dem nun Kommenden. Markiere in deinem Manuskript solche Stellen.

Eine Technik, um einer Aussage enormes Gewicht zu verleihen, ist das rhythmische Dehnen und Betonen von Satzteilen oder Silben. Gleichzeitig hältst du deinen rechten Unterarm waagrecht und bildest mit Zeigefinger und Daumen ein O. Und dieses O nutzt du jetzt wie einen Taktstock und gehst bei der Betonung und Dehnung jeweils auf und ab.

Präsentationshilfen verwenden

• Benutze lieber ein Flipchart statt PowerPoint.
• Vergiss deine körperliche Präsenz nicht.
• Nutze Requisiten zur Veranschaulichung.

Ein Vortrag, in dem du völlig auf Präsentationshilfen verzichten kannst, hat den Vorteil, dass die Aufmerksamkeit des Publikums ungeteilt bei
Die bekanntesten Präsentationshilfen sind PowerPoint und das Flipchart.

PowerPoint hat Nachteile und wird oft falsch in eine Präsentation integriert. Der Hauptnachteil ist, dass es den Fokus von dir abzieht. Dies geschieht sogar, wenn auf der Folie nichts zu lesen ist und nur ein weißer leerer Hintergrund auf die Leinwand projiziert wird.

PowerPoint

Zerstöre die Kraft deiner Botschaft nicht, indem du in deiner freien Ansprache das Gesagte noch einmal geschrieben auf der Leinwand einblendest. Es ist ein Trugschluss, dass sich die Einprägsamkeit von Vortragsinhalten mit PowerPoint-Texten erhöht, weil zwei Sinne angesprochen werden. Das nennt sich dann eher betreutes Lesen. Bei der Nutzung einer Präsentationshilfe geht es um das Verdeutlichen von Kernpunkten, und zwar am besten mit Bildern. Bilder sind viel stärker als Texte, denn Bilder sind unmittelbar wirkende Gefühlsargumente.

Wenn du PowerPoint benutzt, dann achte darauf, die Folien übersichtlich zu gestalten. Auf einer Folie sollte wenig stehen, sie sollte einfach gehalten und so bildhaft wie möglich sein. Zum Einen wegen der eben beschriebenen emotionalen Wirkkraft von Bildern, zum Anderen weil Bilder sofort verstanden werden, Zahlen, Daten, Fakten nicht. Verwendest du Fotos auf deinen Folien, so müssen diese flächendeckend sein und dürfen nicht irgendwo in einer Unmenge von Text untergehen.

Teste die Verständlichkeit deiner Folien mit jemandem, der sich mit deinem Thema nicht auskennt. Blende dieser Person deine Folien einzeln für zwei bis drei Sekunden ein und bitte sie wiederzugeben, was sie sich gemerkt hat. Wenn nichts Vernünftiges dabei herauskommt, gestalte die Folie um oder nimm sie ganz raus.

> **EXTRA-TIPP, WENN DU POWERPOINT BENUTZT**
>
> Baue eine Schwarzfolie mit ein, auf die du jederzeit klicken kannst, wenn es keine zu projizierenden Inhalte gibt, so bleibt der Fokus des Publikums auf dich gerichtet.

Flipchart

Das Flipchart ist ein sehr gutes Hilfsmittel. Es ermöglicht dir, deinen Vortrag mit simultanem Schreiben und Zeichnen anzureichern. Du bewegst dich und bewegst dadurch dein Publikum. Das Flipchart bietet dir die Möglichkeit, deine Gedanken bildlich – vor dem Auge des Zuschauers – sich entwickeln zu lassen. Das erhöht Verständlichkeit, Unterhaltungswert und Einprägsamkeit.

Denke daran, nicht zu viele Informationen auf einer Seite unterzubringen und entsprechend groß und leserlich zu schreiben.

Falls du völlig frei sprichst und Angst davor hast, den Faden zu verlieren, hat das Flipchart noch einen weiteren Vorteil: Schreibe dir vorher mit Bleistift auf jedes Blatt, das du benutzen möchtest, die wichtigsten Stichpunkte deiner Rede auf.

Was ist generell zu beachten bei Präsentationshilfen?

Dein Körper spricht immer.

Vergiss beim Benutzen von Präsentationshilfen nie die Präsenz deines Körpers! Egal, ob du PowerPoint, ein Flipchart oder gar nichts benutzt, dein Körper spricht von dem Moment an, in dem du die Bühne betrittst, bis zu der Sekunde, wo du sie verlässt. Für das Publikum bist du, und damit dein Körper, der visuelle Referenzpunkt deines Vortrags, auch wenn es gleichzeitig eine Abbildung auf der Leinwand zu sehen bekommt. Achte deshalb auf deine Körpersprache, auch wenn du gerade deinen Laptop bedienst oder auf das Flipchart schreibst.

Während der Präsentation mit PowerPoint stehe etwa hüftbreit und lasse die Fußspitzen Richtung Publikum zeigen. Wenn du etwas auf der Leinwandprojektion, zum Beispiel mit einem Laserstift, verdeutlichen möchtest, bleibe trotzdem so stehen und drehe dich nur mit deinem Oberkörper ein. So bleibst du mit deinem Stand dem Publikum zugewandt und drehst dich automatisch wieder zurück in die Ausgangsposition.

Bei der Benutzung eines Flipcharts bleibt auch der Oberkörper so weit wie möglich zum Publikum gewandt. Nimm also, wenn du Richtung Publikum stehst und das Flipchart links von dir steht, den linken Arm, um etwas zu verdeutlichen. Beim Schreiben wirst du dich eindrehen müssen, aber auch hier kannst du halb geöffnet bleiben und dich nach dem Schreibvorgang sofort wieder dem Publikum zuwenden.

Mittlerweile werden auch Monitore eingesetzt, die auf dem Bühnenboden platziert und Richtung Sprecher ausgerichtet sind. Hier kannst du dir deine vorab gemachten Stichpunkte und Schwerpunkte zeigen lassen. Auch deine PowerPoint-Präsentation kannst du so verfolgen, ohne dich dabei vom Publikum abwenden zu müssen. Mit Hilfe einer Fernbedienung klickst du weiter zur nächsten Folie.

Wenn du es verstehst, mit einem Requisit oder einem Bühnenaufbau deine Inhalte zu veranschaulichen, solltest du solch ein Element auf jeden Fall in deine Präsentation einbauen. Scheue dich dabei nicht, Sachverhalte zu vereinfachen. Manches ist einfach zu abstrakt, um es in der Kürze der Zeit nachvollziehbar mündlich zu erklären. Das Publikum wird es dir danken, und oft sind es diese Einlagen, die tatsächlich erinnert werden.

Pannen, Blackout, Kritik

Unerwartetes oder Unerwünschtes kann bei jedem Vortrag passieren. Wenn du dich mit dieser Tatsache anfreundest, hast du schon viel getan, um mit einer Panne, einem Blackout oder kritischen Fragen aus dem Publikum so umzugehen, dass nichts davon die Qualität deiner Rede insgesamt schmälern kann.

Pannen
- Akzeptiere, was passiert ist.
- Thematisiere es.
- Wenn die Situation es zulässt, bringe Humor hinein.

Es gab eine Fernsehsendung mit dem Titel *Pleiten, Pech & Pannen*. Es muss stets genug Material gegeben haben, um damit eine regelmäßig erscheinende Sendung füllen zu können. Du wirst folglich nicht der Einzige sein, der einmal in eine ungeplante Situation gerät.

Stelle zunächst fest, was das Problem gerade ist. Ein technischer Defekt, eine Verspätung eines Interviewpartners, eine falsche Power-Point-Präsentation – was auch immer es ist, sprich es an. Die möglicherweise plötzlich blockierte Energie im Raum wird wieder fließen, wenn du das Publikum mit einbindest. Beschreibe, wie du das Problem zu lösen gedenkst.

Dies gilt auch bei vermeintlich peinlichen Situationen. Peinlich kann einem nur das sein, was eine (eigene) Konvention verletzt. Sprichst du aber mit Humor darüber, auf eine charmante Art und Weise, umschiffst du das sich sonst einstellende betretene Gefühl. So kann beispielsweise ein Versprecher die Sympathien des Publikums für dich sogar erhöhen. Nur gespielt darf er nicht sein, da darfst du dein Publikum nie unterschätzen.

Lachen, insbesondere über sich selbst, ist stets entwaffnend. Lache aber bitte nicht über Missgeschicke deines Publikums oder eines Gastes. Setze Fingerspitzengefühl ein, sofern du darauf reagieren willst, damit das Gesicht deines Gegenübers gewahrt bleibt.

Blackout
- Beruhige dich mit deinem Wissen über das Geschehen im Körper.
- Beziehe dein Publikum mit ein.
- Greife auf deine Notizen zurück.

Blackout heißt, du bist in einen blockierten Bewusstseinszustand geraten. Du weißt plötzlich nicht mehr, wie es weitergeht, und bist komplett aus deinem Konzept – Leere im Kopf.

Für solche Momente wurden auf den großen Theaterbühnen kleine Souffleurkästen gebaut, darin saß eine Person, die den Text für die Schauspieler mitgeflüstert hat. Diese Hilfe steht dir leider nicht zur Verfügung und es sähe auch merkwürdig aus, wenn eine dir vertraute

Person in der ersten Reihe mitliest und dir dann plötzlich ein Stichwort zuruft.

Wenn du einen Redetext vor dir liegen hast, kannst du dich schnell wieder einlesen. Auf der Bühne hast du einen Tunnelblick und die Sachinformationen, die immer mal vergessen werden können, sollten daher griffbereit notiert sein. Am besten, du hast einfach Moderationskarten in der Hand oder Notizen in der Jackentasche. Oder, falls du ein Flipchart nutzt, schau auf die mit Bleistift von dir in einer Ecke vorab aufgeschriebenen Schwerpunkte deiner Rede.

Bewahre in solchen Momenten die Ruhe und lies dich kurz ein. Für dich mag es wie eine Ewigkeit erscheinen, aber solange keine Hektik und Panik sichtbar werden, bleibt das Publikum in der Regel ruhig und vergisst die kleine Unterbrechung recht schnell.

Wenn du nicht die Möglichkeit hast, auf einen Redetext oder sonstige Erinnerungshilfen zurückzugreifen, kann es schnell passieren, dass dein Nervensystem die Situation als bedrohlich und dramatisch wahrnimmt. Dann ist es erst recht schwer, klar zu denken. In dem Fall ist es gut, wenn du dir vor Augen halten kannst, dass der Blackout ein biologisches Phänomen ist, damit holst du dich aus den Emotionen wieder auf die rationale Ebene.

Was passiert beim Blackout im Körper? Der Hippocampus, der für die Weiterleitung der Gedächtnisinhalte zuständig ist, wird kurzfristig durch das Stresshormon Cortisol blockiert. Dieses wird ausgeschüttet, wenn eine Situation vom Nervensystem als übergroßer Stress empfunden wird.

Dies wissend, kannst du das Ganze entdramatisieren, indem du dir selbst etwas sagst wie: *Okay, jetzt ist es also passiert. Ich habe einen Blackout, mein Körper reagiert auf die Stresssituation. Kann passieren, kein Problem, ich bin vorbereitet auf solch einen Moment. Ich bleibe gelassen, das geht gleich wieder vorbei.*

Atme dabei tief und entspannt, es wird dir helfen, nicht in Panik zu verfallen. Rufe dir in Erinnerung: Du beherrschst dein Thema, deine Rede, du hast sie oft genug geübt und du hast dich auch mit dem Thema Blackout bereits beschäftigt.

In einer Blackout-Situation erlebst du, warum es gut ist, mit deinem Publikum gleich zu Anfang eine gute Beziehung aufzubauen, denn du kannst es jetzt bitten, dir zu helfen. Sprich den Blackout kurz an, und bitte deine Zuschauer um Hilfe, an welchem Punkt deiner Rede du den Faden verloren hast. Das Mitgefühl der Zuschauer wird angesprochen, denn solch eine Situation kennt wohl jeder aus seinem eigenen Leben. Und eine Schwäche zugeben macht eher sympathisch.

Eine andere Möglichkeit ist, wenn du es schaffst, dir den Blackout nicht anmerken zu lassen. In dem Falle unterbrichst du einfach kurz, schaust dein Publikum an und fragst, ob dir denn alle noch folgen können, ob es bereits zu viel ist oder ob es eine Zwischenfrage an dieser Stelle gibt. Das gibt dir eine Verschnaufpause, in der du wieder in den Flow kommen kannst.

Wenn du zu Blackouts neigst, verzichte vor deinem Auftritt auf koffeinhaltige Mittel. Das Koffein kann den körperlichen Stress noch erhöhen und damit das kurzzeitige „Durchbrennen" der Gedächtnisleitungen fördern. Nimm dir, wenn möglich, den Tag vorher frei und mache alles ganz in Ruhe.

Kritik
• Bedanke dich für konstruktive Kritik und fahre fort.
• Bedanke dich auch für destruktive Kritik und fahre fort.
• Bist du geschult, nimm den Fehdehandschuh auf.

Kritik kann nach deinem Auftritt kommen, aber auch schon während du deinen Vortrag hältst. Sie kann in Form von Fragen auftauchen oder als Zwischenrufe oder Pöbeleien. Kritik kann konstruktiv oder destruktiv, sie kann wohlmeinend oder schneidend formuliert sein.

Auf der Bühne musst du extrovertiert sein, dich dem Publikum öffnen. Du musst von dir etwas preisgeben und zeigen, das macht dich verwundbar, und du hast in dem Moment keinen Schutzschirm um dich. Kritik schmerzt dann besonders. Aber sie kann auch eine gute Übung sein, um zu sehen, ob du das eigene Ego im Griff hast, in der Ruhe bist und nicht emotional reagierst.
Es geht nicht darum, recht zu haben, sondern besser zu werden – mit dieser inneren Haltung machst du dich unangreifbar. Später kannst du in Ruhe überprüfen, ob der Einwurf gerechtfertigt war und du den Inhalt in deine Rede einbauen solltest.

Wenn ein plötzlicher Zwischenruf kommt, dann kannst du ihn entweder einfach übergehen oder du hältst kurz inne und denkst darüber nach, ob das eine konstruktive Kritik oder eher eine Verleumdung oder dergleichen war.
Für konstruktive Kritik darfst du dich bedanken, paraphrasiere das Gesagte und versichere, dass du darüber nachdenken wirst.
Wenn Kritik in destruktiver Form vorgebracht wird, sagt sie eher etwas über den Kritiker selbst aus als über deine Leistung. Nimm destruktive Kritik auf keinen Fall persönlich, sonst reagierst du emotional, und das will der Zwischenrufer vielleicht erreichen. Auch werden aggressive (Gegen-)Ausbrüche selten vom Publikum geschätzt. Am Ende

fühlen sich alle schlecht und es ist schade um die verschwendete Energie. Wenn du den gerade gemachten Einwurf als beleidigend empfindest, kannst du dies jedoch klar benennen.

Höre genau hin, was gesagt wird und wie. Geht es um eine Beurteilung oder eine Verurteilung?

Wenn ein Einwurf bei dir das Gefühl hervorruft, dass du gerade angegriffen wirst, kann es sein, dass die Äußerung eine empfindliche Stelle bei dir getroffen hat, ohne dass die andere Person dich angreifen wollte. Es kann aber auch sein, dass die andere Person tatsächlich Ärger herauslassen will und diesen, verpackt in Kritik, in deine Richtung schießt. Meistens geht es dann aber der Kritik übenden Person gar nicht um etwas, das du in deiner Rede gesagt hast, sondern eher darum, dass du etwas nicht gesagt hast, das sie gerne gehört hätte. Hier findet etwas auf der emotionalen Ebene statt. Der Kritiker möchte beachtet werden, möchte wichtig erscheinen, oder er hat ein ganz anderes Problem. Mach aber sein Problem nicht zu deinem. Sag, was tatsächlich ist, bleibe bei den Fakten und sprich darüber, was dir wichtig ist.

Normalerweise hast du während deines Vortrages nicht die Zeit, um auf eindeutig unqualifizierte Unterbrechungen einzugehen. Wenn die Situation es aber zulässt, du daran Freude hast und dich stark genug fühlst, dann kannst du dich für die Rolle des Psychologen entscheiden und das Problem der betreffenden Person doch zu deinem machen. Als Psychologe versuchst du, die wirklichen Beweggründe des Kritikers zu verstehen und ihn durch Verständnis und Gesprächsführung dahin zu bringen, dass er sich wahrgenommen und verstanden fühlt und sein Frust sich in Luft auflöst.

Siehst du dich als Rhetoriker, kannst du solche eine Situation zum Übungsfeld deiner Schlagfertigkeit und rhetorischen Mittel machen. Sei vorsichtig mit Polemik, das wird oft vom Publikum nicht geschätzt. Es spricht jedoch nichts dagegen, einen Schwätzer auch als solchen zu entlarven und schachmatt zu setzen.

Wenn es dir schwerfällt, schlagfertig zu sein, dann danke dem Betreffenden einfach für sein Mitdenken. Du kannst noch äußern, dass er vom Fach zu sein scheint – und dann fahre fort mit deiner Rede.

Willst du deeskalieren und lösungsorientiert vorangehen, dann gehe zunächst vom Inhalt des vom Kritiker Gesagten weg und erkläre, was dir grundsätzlich in der Kommunikation mit dem anderen wichtig ist. Zum Beispiel, dass ihr wertschätzend und ehrlich miteinander umgeht. Ein möglicher Ablauf könnte so aussehen: Jemand kommt nach deinem Auftritt zu dir und beschimpft dich, sagt dass du keine Ahnung habest. Ohne Aggression fängst du ihn ein mit einer Verständnisfrage: „Ich verstehe, Ihnen hat also mein Vortrag überhaupt nicht gefallen?" Jetzt kannst du anschließend dein Empfinden darüber aussprechen. Zum Beispiel, dass es dich überrascht oder dass es dich traurig stimmt. Gehe dann wieder auf den anderen zu und sage etwas wie: „Ich wünsche mir natürlich, dass Sie meine Standpunkte verstehen." Und/oder bitte die andere Person, dir ganz konkret einen Punkt zu nennen, den sie für absurd hält.

Wichtig ist, den anderen nicht durch Forderungen oder Angriffe zu provozieren, die auf seine Person abzielen. Das Verhalten kannst du jedoch vorsichtig ansprechen. Es ist ein Unterschied zwischen „Sie sind ein unfreundlicher Mensch" oder „Sie verhalten sich gerade sehr unfreundlich."

Wenn es dir gelingt, diese Form der gewaltfreien Kommunikation mit offenem Herzen zu führen, und der andere kein völliger Ignorant ist, müsste es zu einem für beide Seiten guten Ergebnis kommen.

Spezielle Rede-Formen: Moderation, Interview, Diskussion

Neben den Vorträgen, bei denen du allein vor dem Publikum sprichst, gibt es noch besondere Formen von Reden, bei denen andere Personen eingebunden sind: die Moderation, das Interview und die Diskussion.

Gegenüber dem reinen Vortrag geht es bei diesen drei Rede-Formen um ein publikumsgerechtes Gespräch, und, je nachdem, um welche der drei Arten es sich handelt, trägst du im Geschehen die Rolle der Leitung oder die eines von mehreren gleichrangigen Gesprächsteilnehmern. Dem entsprechend stellen diese drei Rede-Formen besondere Anforderungen an dich und bei jeder von ihnen gibt es noch einmal individuelle Besonderheiten zu beachten.

Moderation

• Verabrede ein Briefing vor Ort mit dem Auftraggeber.
• Stimme dich innerlich darauf ein, dass du die Führung hast.
• Lerne die Stopptechniken zum Unterbrechen von Vielrednern.

Mache dir deine leitende Rolle als Moderator bewusst: Du führst durch die Veranstaltung, du bist die Konstante. Mache klare Ansagen, denn du bestimmst die Regeln für eine mögliche Diskussion. Das bedeutet aber nicht, dass du dich in den Vordergrund spielst, im Fokus des Interesses stehen deine Gäste – auch wenn du vielleicht durch deine akribische Vorbereitung mehr zu einem Thema weißt als sie.

Verschaffe dir als Moderator im Vorfeld Klarheit über diese Punkte:

▪ die Menschen, die mit dir auf der Bühne sein werden
▪ den zeitlichen Ablauf der Veranstaltung
▪ die restlichen Umstände, wie Ort, Publikum, Technik etc.

In der Regel wirst du als Moderator von einem Veranstalter frühzeitig gebucht. Damit bleibt dir genügend Zeit, Informationen über die Veranstaltung, den Veranstalter, die Gäste, die Redner, die Themen, den Veranstaltungsort, das Publikum und den Ablauf einzuholen. Dazu kannst du im Internet recherchieren und dir Material zuschicken lassen.

Dann sollte auf jeden Fall ein Briefing vor Ort mit dem Auftraggeber stattfinden. Dabei muss alles bis ins Detail durchgesprochen werden, bis es für dich keine Unklarheiten mehr gibt.

Jetzt kannst du zu Hause deine Moderation ausarbeiten und ein Konzept erstellen. Dazu gehört die Begrüßung, das (Sich-)Vorstellen der Gesprächsteilnehmer, der Ablauf und die Inhalte des Tages, einen Spannungsbogen aufbauen und eine gute Überleitung zu den jeweiligen Rednern finden. Für die Anmoderation von Gästen ist das Storytelling eine geeignete und schöne Variante.

Deine Sprache sollte verständlich sein und auf den Punkt. Verwende Hauptsätze und Imperative, Höflichkeit bleibt dabei dein oberstes Gebot. Mache deinen Gästen auf der Bühne klar, dass hart in der Sache diskutiert werden kann, aber dabei stets freundlich im Ton geblieben wird.

Wenn Wortmeldungen vom Publikum möglich sind, erkläre, dass dabei bitte aufgestanden wird, Name und Institution genannt und eine Frage, ohne kommentierende Ab- oder Ausschweifungen, zum Thema gestellt wird.

Moderationskarten

Moderationskarten sind ein legitimes Mittel. Selbst in großen TV-Shows siehst du hin und wieder Moderatoren, die diese nutzen. Alle wichtigen Informationen deiner Moderation stehen darauf. Du brauchst keine Angst zu haben, etwas zu vergessen und kannst im Falle eines Blackouts sofort auf sie zurückgreifen.

Wenn du jedoch gut auswendig lernen kannst und auch unter Stress in der Lage bist, Inhalte und Abläufe aus dem Gedächtnis abzurufen, dann verzichte auf Moderationskarten. Erstens sieht es besser aus, wenn ein Moderator nicht ablesen muss, was als Nächstes geschieht oder gesagt werden soll, und zweitens hast du beide Hände frei. Fühlst du dich aber genau damit unwohl und weißt dann nicht, wohin mit deinen Händen, sind Moderationskarten wiederum vorteilhaft. Sie geben im wahrsten Sinne des Wortes Halt, da die eine Hand hat etwas zum Festhalten hat. Außerdem bieten sie die Möglichkeit, kurzfristige Änderungen zu notieren.

Ein weiterer Vorteil von Moderationskarten ist, dass das Beschriften der Karten dich dazu zwingt, dich im Vorfeld mit deinem Thema auseinanderzusetzen und es zu strukturieren, dadurch kannst du die Inhalte leichter auswendig lernen.

Die Moderationskarten haben eine Größe von DIN A5 oder etwas kleiner. Die Postkartengröße ist bereits zu klein und könnte dir Probleme bereiten, genügend Text unterzubringen.

Schreibe deinen Text am Computer, in Schriftgröße 12 oder 14, und klebe das ausgedruckte Papier auf die Karten. Aber bitte nicht beidseitig beschreiben, das Publikum soll deine Karten nicht lesen können.

Baue dir für jede Karte eine übersichtliche Struktur auf. Dazu gehören Überschriften, Markierungen, Unterpunkte, Nummerierungen und Unterstreichungen. Auch Uhrzeiten können darauf notiert werden. So kannst du erkennen, ob du im Zeitplan bist und wie lange ein Teil dauern darf.

Jede Karte sollte eine in sich geschlossene Sinneinheit darstellen. So musst du nicht die Karten während eines Moderationsteils plötzlich wechseln.

WORAUF DU BEI MODERATIONSKARTEN ACHTEN SOLLTEST

- Lies nicht mehr als nötig von den Karten ab. Es kann sonst schnell passieren, dass du vergisst, ins Publikum zu schauen.
- Lasse dich nicht von Nervosität zum Knicken oder Rollen der Karten verleiten.
- Beim Sprechen in ein Handmikrofon kann ein paralleler Kartenwechsel ungeschickt aussehen. Halte kurz inne, wechsle in Ruhe die Karten und fahre dann fort.
- Übe im Vorfeld deine Moderationsweise mit Karten und deren Handhabung.

Interview
- Studiere die wichtigsten biografischen Daten deiner Interviewpartner.
- Erwecke in dir ein echtes Interesse für dein Gegenüber.
- Bleibe sachlich, aber fordernd.

Wenn du ein Interview führst, dann mache dir immer klar, es geht nicht um dich, sondern um den Menschen, den du interviewst. Mache dich ein wenig kleiner, aber nicht dumm; mache die andere Person ein wenig größer, aber nicht unantastbar.

Kommunikation bedeutet, in Beziehung zu Menschen zu treten – und dazu braucht es Nähe. Von der Person, die du interviewst, möchtest du Informationen bekommen, und das wird nur passieren, wenn sie sich dir öffnet und spürt, dass sie von dir ernst genommen und respektiert wird. Deshalb darfst du trotzdem hart in der Sache sein, aber nie persönlich werden. Alles ist eine Sache des Fingerspitzengefühls und der Psychologie.

Es gibt die verschiedensten Arten von Interviews und wie diese am besten zu führen sind. Hier einige wesentliche Anmerkungen:

Interessiere dich wirklich für deinen Interviewpartner. Deshalb solltest du dich auch im Vorfeld über die Person informieren. Gut vorbereitet in ein Interview zu gehen, zeigt, dass du deinem Gegenüber keine Zeit stiehlst mit dummen Fragen.

Versuche mit dem Gesprächspartner auf Augenhöhe zu kommen. Ein großer Altersunterschied kann dies erschweren, auch verschiedene Sozialisationen oder ein unterschiedlicher Jargon. Manchmal sind auch die Unterschiede in der Hierarchie zu groß und dein Gesprächspartner akzeptiert dich nicht als Fragensteller.

Am besten ist, du bekommst die Gelegenheit für ein kurzes Vorgespräch. Das ist deine Möglichkeit, um auf Augenhöhe zu kommen und ein gutes Gesprächsklima vorzubereiten. Schaffe Vertrauen und erkläre grob, über was du zu sprechen gedenkst. Letztlich bestimmst du die Regeln und wie das Interview geführt werden soll. Mache dir klar: wer fragt, der führt.

Und achte auf die Wahrheit, die hinter dem Offensichtlichen liegt. In der Kommunikation ist nicht entscheidend, was gesagt wird, sondern was gemeint ist. Ein Satz kann auf viele verschiedene Arten gesprochen werden; die Wörter bleiben dieselben und trotzdem liegen dahinter unterschiedlichste Emotionen oder Absichten – mal offen, mal eher versteckt. Als guter Interviewer wirst du die tiefere Ebene erkennen, diese Ebene mit deinem Nachfragen betreten und vielleicht viel aufschlussreichere Antworten erhalten.

Noch ein Wort zum Duzen und Siezen: Das gegenseitige Duzen ist mittlerweile weit verbreitet. Wenn es vorher nicht abgesprochen ist, solltest du es aber vermeiden. Dein Gesprächspartner könnte es als Grenzüberschreitung empfinden, und wenn es im Gespräch um seriöse oder brisante Inhalte geht, könnte der Eindruck entstehen, du fraternisierst.

Grundsätzlich gilt, der Ranghöhere bietet das Du dem Rangniedrigen an, wenn beide gleichrangig sind, dann die Frau dem Mann. Und der ältere Herr bietet es der jüngeren Dame an. Wer nicht direkt zustimmen möchte, bittet um Bedenkzeit. Wer gerne beim Siezen bleiben möchte, bedankt sich für die Wertschätzung und erklärt, dass einem eine gewisse Distanz im beruflichen Umfeld angenehmer ist.

Wenn du Kinder auf der Bühne als Gesprächspartner hast, muss der Pädagoge in dir geweckt werden. Du brauchst mehr Zeit und der Gesprächsverlauf kann sich anders entwickeln als geplant. Kinder sind unberechenbar und meist direkt und ehrlich.

Du bist als Interviewer auch hier derjenige, der das Gespräch führt und lenkt, aber behandle ein Kind mit dem gleichen Respekt wie einen erwachsenen Gesprächspartner. Versuche nicht, dem Kind die Show zu stehlen. Das wird ohnehin scheitern und dir eher negativ vom Publikum angelastet werden. Besser ist es, die Situation zu akzeptieren, mit ihr mitzufließen, und geschickt den Verlauf zu bestimmen. Ein entspannter, dem Thema angemessener humorvoller oder mitfühlender Auftritt, wird dann auch dir die Herzen zufliegen lassen.

In Moderation und Interview: Lang- und Vielredner stoppen

• Gib niemals dein Mikrofon aus der Hand.
• Lege dir einen Unterbrechungssatz bereit.
• Arbeite mit körperlicher Abwendung.

Als Moderator einer Gesprächsrunde oder als Interviewer kann es dir passieren, dass ein Gesprächsteilnehmer eine Frage nicht beantwortet, dafür aber ein ganz anderes Thema abhandelt, oder dass ein Interviewpartner kein Ende für seinen Monolog findet. In einem solchen Fall musst du die Initiative ergreifen und mit ein paar geschickt eingesetzten Techniken dir den Spielball zurückholen. Das Publikum ist sonst schnell ermüdet und genervt, und die Aufmerksamkeit bricht ein.

Wenn du ein Handmikrofon hast, ist die erste Regel, dies niemals aus der Hand zu geben. Die Kontrolle bleibt bei dir. Greift dein Gegenüber danach, kannst du höflich zum Beispiel sagen: „Danke, geht schon, ich halte das gerne für Sie".

Mit dem Wegziehen des Mikrofons kannst du jederzeit den Monolog beenden. Die möglicherweise abrupte Unterbrechung sollte stets mit einem „danke" begleitet werden oder mit einer Bemerkung wie: „Einen Moment. Entschuldigen Sie, dass ich Sie unterbreche, ich meinte aber ..." Das verdeutlicht, dass du dir bewusst bist, den anderen jetzt zu unterbrechen, die Höflichkeit bleibt aber gewahrt.

Auch Paraphrasieren ist eine Möglichkeit, die Unterbrechung im Anschluss abzufedern: „Einen Moment bitte. Entschuldigen Sie, aber ich möchte sichergehen, dass ich Sie richtig verstehe. Sie meinen also, dass ..." Am Ende stelle dem Interviewpartner eine geschlossene Frage, also eine Frage, auf die er nur mit ja oder nein antworten kann.

Ohne Mikrofon wird es ein wenig schwieriger.

Macht der Langredner eine Atempause, kannst du diese nutzen und sofort reingrätschen mit einem Satz, wie „Vielen Dank, Herr X, für Ihre Ausführungen. Wir sind gespannt, was Frau Y zu diesem Punkt sagen wird." Und sofort richtest du die Aufmerksamkeit auf Frau Y. Wenn aber Herr X trotzdem weiterspricht, dann darfst du ruhig etwas körperlich werden. Dazu legst du zum Beispiel eine Hand auf die Schulter oder den Arm. Dieser taktile Trick kann den Interviewpartner kurzeitig irritieren und die Lücke für deine Überleitung ist da.

Nutze Körper und Stimme im Verbund, um durch Dominanz das Zepter der Gesprächsführung wieder zu dir zu ziehen. Dazu musst du bestimmt und mit einer offenen Körpersprache auftreten, etwas lauter als sonst sprechen und einfach weitersprechen, auch wenn die andere Person ihren Monolog fortsetzt.

Wenn du links und rechts von dir Interviewpartner sitzen hast und einer kommt zu keinem Ende, dann plustere dich ein wenig auf, beuge dich in seine Richtung und drehe die Beine zu ihm hin. Wenn er dann Luft holt oder sich sonst wie eine kleine Lücke bietet, nimmst du mit deinem ganzen Körper Schwung und drehst dich, dabei einen Überleitungssatz sprechend, zum anderen Interviewpartner hin.

Also: hinwenden, reingrätschen, danken, abwenden. Du bildest dann eine Mauer in die Richtung des Vielredners und lenkst die Aufmerksamkeit zum anderen Gesprächspartner.

Diskussion

• Sammle Argumente und starke Sätze im Vorfeld.
• Achte darauf, was du tust, wenn du gerade nicht sprichst.
• Freundliche Durchsetzungsfähigkeit siegt meist.

Eine Diskussion lässt sich beschreiben als Kommunikationsform, bei der die Beteiligten sich über ihre Haltungen und Meinungen zu einem bestimmten Thema austauschen und jeweils darauf abzielen, sich mit ihrer Position durchzusetzen.

Eine erfolgreiche, effektive Kommunikation basiert auf Empathiefähigkeit. Empathie bedeutet die Fähigkeit und Bereitschaft, Empfindungen, Gedanken, Emotionen, Motive und Persönlichkeitsmerkmale einer anderen Person zu erkennen, zu verstehen und angemessen darauf zu reagieren. Die Diskussion mag ein Streitgespräch sein, aber es geht nicht darum, dein Gegenüber verbal zu vernichten. Vielleicht gelingt es dir sogar, ihn oder sie umzustimmen oder zu überzeugen.

Auch als Diskutant kann es dir passieren, dass du dich auf einer Bühne wiederfindest. In dem Moment wirst du alle Blicke auf dich ziehen, wirst zu einem Sprecher – und kannst somit vieles aus dem Buch für dich nutzen.

Ein Streitgespräch vor Publikum wird immer anders verlaufen als eine interne Diskussion, zum Beispiel in einem Meeting. Das Problem der öffentlichen Diskussionen ist, dass ein wirkliches Miteinander, ein ehrliches Abwägen, ein offenes Zuhören meist nicht stattfindet. Oft scheint es nur um ein Abfeuern der eigenen Argumentationsraketen zu gehen. Somit musst du dir erst einmal klar darüber werden, in welchem Rahmen diskutiert wird, was die Regeln sind und was für ein Diskussionsziel sich daraus für dich ergibt.

Sammle vor solch einer Diskussion viele Argumente für deine Sache und zusätzlich starke emotional ansprechende Sätze. Versetze dich in die Rolle deines möglichen Kontrahenten und überlege dir, wie er dir gegenüber handeln und argumentieren wird. Wie wird er versuchen, dich auf das Glatteis zu führen? Du bist so durch deine Vorbereitung gewappnet für eine mögliche Attacke.

Kommuniziere ohne Weichmacher-Wörter wie *vielleicht, womöglich, eventuell* und verzichte auf den Konjunktiv. Das erhöht die Chancen, dass du dich durchsetzt. Wenn es dir schwerfällt, in der Ausdrucksweise entschlossen und selbstbewusst zu sein, weil du dich damit als unfreundlich empfindest, dann stärke dich, indem du dir klarmachst, worum es dir in der Diskussion geht: Weder willst du den Höflichkeitspreis gewinnen noch jemand anderen als Person unter dich stellen. Es geht dir um deine Sache, und du hast gute Gründe, warum sie dir wichtig ist. Auch alle anderen Gesprächsteilnehmer sollten mit dieser Einstellung in die Diskussion gehen, doch falls ein Diskutant versucht, dich mit Wortsalven mundtot zu machen, bleibe du gelassen und punkte mit deinen Argumenten.

Es kann dir auch passieren, dass eine andere Person eine Ausstrahlung oder Gewandtheit hat, die dich plötzlich klein fühlen lässt. Unbewusst vergleicht sich der Mensch stets mit anderen. Und besonders bei Männern kann das Selbstwertgefühl leiden, wenn sie neben einem Mann mit höherem Status sitzen. Aber dann verändere deine Perspektive: Mache dir klar, in welchem Bereich du besser bist oder höher stehst als diese Person. Dabei ist es völlig egal, was es ist; es wird etwas geben, wo dir diese Person nichts vormachen kann. Das führt automatisch wieder zu einer Verbesserung des Selbstwertgefühls.

Passe dich bis zu einem gewissen Grad der Kommunikationsart der Runde an. Welches Publikum sitzt im Saal, wer sind die Menschen, die mit mir diskutieren? Handle nach dem Leitspruch: Wenn du unter Fischern bist, dann rede wie ein Fischer, und wenn du unter Königen bist, dann rede wie ein König.

Denke aber daran, dass deine Stimme den Ohren schmeicheln soll. Wie in den Abschnitten zum Thema Stimme beschrieben, ist es nicht immer der Inhalt der zählt, sondern wie er vorgebracht wird. Achte darauf, in der Aufregung nicht plötzlich schrill und zu schnell zu sprechen, und senke am Ende eines Satzes deine Stimme ab, so wirkst du auch in einer hektischen oder aufgeheizten Diskussion souverän.

Achte auch in einer Diskussion vor Publikum auf deine Körperbewegungen und Mimik, auch wenn du nicht zu Wort kommst oder gerade den Ausführungen einer anderen Person zuhörst. Dies gilt vor allem, wenn die Diskussion für Fernsehen oder Internet aufgezeichnet oder live gesendet wird. Gerne fangen Kameras die Reaktionen, Gestik und Mimik der Diskussionsteilnehmer ein, wenn sie sich unbeobachtet fühlen. Ein rasendes Pulsieren der Halsschlagader verrät, trotz stoischen Gesichtsausdrucks, Anspannung und Aufregung, ebenso ein schnelles

Heben und Senken der Schultern beim Einatmen. Mit einer gesunden Bauchatmung kannst du dem entgegenwirken.

Zuschauer schalten gedanklich schnell ab, wenn du beginnst abzulesen oder zu lange etwas von einem Blatt Papier zitierst. Auch das Hochhalten von einem Beweispapier ist selten wirksam. Der Kameramann braucht zu lange, um es bildfüllend und scharf einzufangen, und das Publikum kann es aufgrund der Distanz nicht erkennen.

ZWEI GRUNDREGELN FÜR DIE DISKUSSION

• Sprich nicht mit gesenktem Kopf und Blick. Schau den anderen an, wenn er spricht, zeige ein interessiertes, freundliches Gesicht.

• Stehe für deine Sache ein, den anderen dabei nicht persönlich verletzend – und du hast bereits viel Sympathie auf deiner Seite.

3.1.4 Phase 4: nach dem Auftritt

Dein letzter Satz ist gesprochen, du gehst von der Bühne ab. Auch wenn du vielleicht mit dir unzufrieden bist, du hast vor Publikum einen Vortrag gehalten, und darauf kannst du in jedem Fall stolz sein!

Dies zu beherzigen ist wichtiger, als es zunächst scheinen mag, denn in dieser Phase direkt nach dem Auftritt ist deine Psyche anfällig dafür, die Realität verzerrt wahrzunehmen. Die Rückschau auf den Vortrag erfolgt jetzt oft wie durch ein Vergrößerungsglas, das nur auf die Punkte gehalten wird, die vielleicht weniger gelungen waren. Was gut lief, wird dagegen viel weniger gesehen und erscheint auch nicht so relevant, wie das, was nicht gut lief. Und auch die Folgen eines (vermeintlich) vermasselten Auftritts erscheinen unmittelbar danach viel bedeutender, als sie es in Wirklichkeit sind, denn deine Gedanken und Emotionen haften momentan noch komplett am gegenwärtigen Szenario, und du hast noch nicht die Gelegenheit, es durch das zu relativieren, was in deinem Leben sonst noch wichtig ist.

Die Präsentation ist eine Ausnahmesituation. In der Vorbereitungsphase hat dein ganzes System über viele Tage, vielleicht Wochen, auf Hochtouren gearbeitet, du hast Anstrengung, Disziplin und Hingabe eingesetzt. Gerade eben, während des Auftritts, sind deine geistigen, psychischen und körperlichen Fähigkeiten noch einmal ganz geballt gefordert worden. Zusätzlich ist das Sprechen vor Menschen eine Situation, in der du auch als soziales Wesen gefordert bist. Selten ist so viel Energie in einem Raum, selten alles so auf einen Menschen fokussiert, Hormonausschüttung pur, Ausnahmezustand.
Und dann ist alles vorbei. Von einem Moment auf den anderen musst du, der sich gerade noch verausgabt hat, auf der Bühne und mit vielen Leuten in Interaktion war, in die Ebene des „normalen Menschen" wechseln und mit dir allein sein. In dir entfalten sich aber gerade extreme Gefühle: je nachdem wie gut der Auftritt lief, Euphorie über den Applaus, Dankbarkeit und Erleichterung, vielleicht aber auch Frustration und Sorge, ob du etwas verpatzt hast. Jedes dieser Gefühle und noch weitere können dich jetzt einnehmen, manchmal sogar völlig entgegengesetzte gleichzeitig.

Auf der körperlichen Ebene lief die Maschine gerade auf Höchstleitung und wurde dann abrupt heruntergefahren. Damit ist nicht leicht umzugehen, es kann sich ein Gefühl wie auf Entzug einstellen.
Besonders Künstler, die sich manchmal ganz dem Publikum schenken, sich dabei nach Applaus, Anerkennung und Liebe sehnen, erscheinen in der Zeit nach ihrem großen Auftritt, abseits des Trubels, manchmal desorientiert. Sehr oft sich breiten sich jetzt emotionale Leere und Einsamkeit aus.

Gerade bei Stars hört man es oft, eben noch auf der Bühne und von tausenden von Menschen frenetisch gefeiert, finden sie sich plötzlich einsam im Hotelzimmer wieder und erleben einen emotionalen Absturz, dämpfen den Spannungszustand mit Alkohol und Drogen.

Gegen das emotionale Loch nach einem Auftritt kannst du dich sehr gut wappnen. Die Schlüssel sind das Bewusstmachen der Emotionen und der achtsame Umgang mit ihnen. Du kannst dich auf die Situation nach deinem Auftritt vorbereiten, indem du für dich die Umstände schaffst, die dir ermöglichen, die aufgebaute Energie zu kanalisieren, dein System zu beruhigen und dir Selbstfürsorge zu schenken.

Wappne dich gegen emotionalen Absturz und innere Leere

- Stelle dich schon im Vorfeld darauf ein, dass nach deinem Auftritt ein Zustand hoher Emotionalität und Gefühle von Überforderung das Wahrscheinliche sind. Allein das Wissen, dass dies passieren kann, nimmt den Überraschungseffekt heraus.

- Dein System will nicht abrupt, sondern langsam wieder auf Normalzustand gehen, und das sollte es auch. Genau wie ein Sportler nach einer Höchstleistung ein Cool-Down macht, ist auch für dich eine kurze Zeit der Erholung und Einkehr nach dem Auftritt sinnvoll. Wie lange diese Phase sein sollte, ist individuell verschieden, finde dies für dich heraus.

- Sorge dafür, dass du nach dieser kurzen Phase nicht sozial isoliert bleibst. Verabrede dich mit einem dir nahestehenden Menschen, dem du vertraust und mit dem du dich wohlfühlst. Erkläre die Situation und bitte vorneweg um Entschuldigung für mögliche Stimmungsschwankungen oder ein gereiztes Verhalten. Dieser Mensch sollte Phasen der Stille ertragen können, denn obwohl du gerne jemanden um dich haben möchtest, hast du vielleicht eine Sehnsucht nach Schweigen. Vergiss nicht, diesem Menschen auch später etwas Gutes zukommen zu lassen.

- Direkt nach deinem Auftritt ist nicht der Zeitpunkt für Selbstkritik oder um sich ein kritisches Feedback einzuholen. Halte dir vor Augen: Dass du gerade vor Menschen einen Vortrag gehalten hast, ist allein für sich genommen schon ein Erfolg. Auch die sachliche Analyse verschiebe auf einen späteren Zeitpunkt, wo du mit etwas Abstand auf die Dinge blicken kannst.

- Belohne dich und gönne dir bewusst etwas Schönes. Tue etwas, das dir jetzt gut tut. Ein ausgiebiges Bad, eine Massage. Oder vielleicht Essen gehen, einen Ausflug oder Einkaufsbummel machen.

- Mache dir bewusst: Die Bühne ist nicht die wirkliche Welt. Durch das nichtidentifizierte Betrachten kannst du die Situation einordnen. Techniken dafür sind zum Beispiel die Meditation oder körperbezogene Achtsamkeitsübungen, wie du sie auf Seite 63 in diesem Buch findest.

Hier schließt sich der Kreis zu der ganzheitlichen Herangehensweise, die du in *Die Basis* als effektive Vorbereitung kennengelernt hast. Mit demselben starken Fundament des (Selbst-)Bewusstseins, das du dir in der Vorbereitung für deinen Auftritt erarbeitet hast, kannst du nun auch die Schwierigkeiten meistern, die die Phase danach in sich birgt.

Mehr noch: Mit der Selbsterfahrung, dass du zur Bewältigung dieser Schwierigkeiten fähig bist, hast du die wertvolle Sicherheit, dass du auch weitere Auftritte meistern wirst und dass du in der Lage bist, aus den Fehlern zu lernen, aber auch die Erfolge zu sehen und sie zu genießen.

4 Anhang: Interviews

Während der Arbeit zu diesem Buch hat der Autor Axel Jomeyer Interviews mit zwei Menschen geführt, deren Beruf und Leidenschaft es ist, vor Publikum zu performen.

Die Sängerin und Entertainerin Evi Niessner und der Trompeter Samuel Walter berichten von ihren persönlichen Wegen hin zu Ihrem professionellen Dasein als Bühnenkünstler. Sie erzählen, wie sie schwierige Situationen überwunden haben und verraten, mit welchen mentalen Strategien und praktischen Kniffen sie sich auf die Ausnahmesituation Bühnenperformance vorbereiten.

4.1 Interview mit Bühnenshow-Profi Evi Niessner

Evi Niessner

1967 in Wiesbaden geboren. Ausbildung zur Opernsängerin. Früh die Berufung im Showbusiness gefunden.
Stationen ihres Lebens: Wiesbaden, Basel, Berlin. Lebt heute mit ihrer Familie im Rheingau.

Mit ihrem *Berliner Luft Ensemble* erweckt sie 1989 mit der erfolgreichen Show *War'n Sie schon mal in uns verliebt?* die künstlerische Welt der Weimarer Republik zum Leben.
1996 gründet sie mit ihrem Mann Mr. Leu die M&G Showcompany. Unzählige kleine und große Showproduktionen in den Bereichen Cabaret, Theater, Varieté, Vaudeville, Musikshow und Burlesque hat Evi Niessner seitdem kreiert, realisiert und performt.

Die Sängerin und ausdrucksstarke Charakter-Darstellerin wandelt über alle Genregrenzen hinweg zwischen Chanson, Blues, Jazz und Opernklängen. Sie interpretiert Musik von Tom Waits bis Edith Piaf und schreibt gemeinsam mit Mr. Leu auch eigene Songs.

2019 erfüllt sich Evi Niessner einen Lebenstraum: *Glanz auf dem Vulkan*, das neueste Werk der M&G Showcompany, wird ab Dezember 2019 das Berlin der 1920er Jahre in einer großen und glamourösen Show auf die Bühnen der Welt zaubern.

Talent und Ehrgeiz reichen für Evi Niessner bei Weitem nicht aus, um dauerhaft und nachhaltig erfolgreich zu sein. Ihr Erfolgskonzept besteht neben Talent aus schonungsloser Selbstkritik, Kontinuität, Leidenschaft und Selbstliebe. Ihr Credo: Kreative Freiheit erwächst aus Sicherheit, Präzision und permanenter Arbeit an sich selbst –
a showgirl's job is never done!

INTERVIEW

A.J.:
Was ist die M&G Showcompany?

Evi Niessner:
M&G steht für Music und Glamour. *Showcompany* hat sich entwickelt aus all dem, was ich zusammen mit meinem Mann Mr. Leu, auch als Das Tier bekannt, produziert habe.

Wir haben inzwischen sieben Produktionen. Alles sind Showproduktionen, die hauptsächlich auf Musik basieren. Ich bin ausgebildete Opernsängerin und habe alles gesungen, nur keine Opern. Mein Mann und ich sind beide freiberufliche Musiker. Ich bin seit dreißig Jahren im Showgeschäft und gemeinsam machen wir es seit dreiundzwanzig Jahren.

Wir waren lange in Berlin, haben unsere Showkonzepte entwickelt und jetzt sind wir wieder hier im Rhein-Main-Gebiet, arbeiten aber mit unserer Berliner Truppe weiter zusammen und machen immer neue Showkonzepte, die wir auf Tourneen in Deutschland spielen. Wir sind jetzt auch auf dem Sprung ins Ausland.

A.J.:
Ist das Singen Berufung für dich?

Evi Niessner:
In der Tat war ich für mein Verständnis schon immer Sängerin. Mit drei Jahren habe ich schon angefangen, im Tante-Emma-Laden in Oberjosbach im Taunus, wo ich herkomme, zu singen. Ich hatte nie einen anderen Berufswunsch, sondern es galt nur: Wie setze ich das so um, dass ich auch legitimiert bin und mich dafür nicht rechtfertigen muss, dass es irgendetwas Brotloses wäre.

Mit fünfzehn Jahren habe ich dann eine Gesangsausbildung angefangen und am Wiesbadener Konservatorium auch abgeschlossen. Es war für mich immer sehr wichtig, dass Sängerin meine offizielle Berufsausbildung ist, damit ich eine Legitimation habe, sagen zu können: Ich bin Sängerin und nichts anderes.

A.J.:
Welcher Bereich hat dich besonders interessiert?

Evi Niessner:
All das, wo man besonders stark Emotionen vermitteln oder Emotionen auch selbst ausleben kann. Das Singen war für mich immer ein Ventil und da eignen sich alle Gesangsrichtungen, alle Stilrichtungen.

Es war mir immer besonders wichtig, dass ich mich nicht auf eine Stilrichtung festlege. Ich habe zwar eine Ausbildung als Opernsängerin gemacht, aber immer im Hinterkopf gehabt, dass ich das ganz schrecklich finde, wenn Opernsängerinnen Jazz singen; wie sich das dann anhört, das wollte ich nie. Ich wollte immer in all den Musikstilen so präsent sein, dass es dem Stil auch entspricht.

A.J.:
Mit welchen Dingen bist du konfrontiert worden im Laufe deiner Ausbildung, die dich vielleicht haben unsicher werden lassen?

Evi Niessner:
Es gab sehr oft Momente in der klassischen Ausbildung, wo Menschen versuchten, einen fertigzumachen – zum Beispiel der Leiter der Opernschule, der zog das Selbstbewusstsein der Gesangsstudenten massiv runter, indem er Kritik unter der Gürtellinie äußerte. Nicht nur bei mir, aber auch bei mir. Und das tut weh.

Ich habe zum Beispiel immer gesagt bekommen: „Deine Stimme ist viel zu klein und du hast so was Kabarettistisches. Das ist beim Operngesang nicht gewünscht und du musst größer singen." Ich habe mir meine Gedanken darüber gemacht, weil ich immer den Ansatz hatte, den Fehler bei mir zu suchen. Ich sage nicht: Ach, wie ungerecht und böse von denen, die mich kritisieren! Sondern: Was könnte da dran sein?

Auch wenn ich ein extrem emotionaler Mensch bin, habe ich versucht, die Emotionen möglichst rauszunehmen und zu schauen, was von der Kritik ist im Kern vielleicht wahr? Und wie kann ich das, was als Nachteil genannt wird, vielleicht zu einem Vorteil ausbauen?

Wovon ich für das Operngenre zu viel habe, ist: Bühnenpräsenz, Neigung zur Comedy, Neigung, einfach besonders spielfreudig zu sein. Genau das wird in der Oper oder im klassischen Gesang eingeschränkt – und da habe ich meine Entscheidung getroffen: Die Opernwelt ist es für mich nicht. Da muss ich mich zu sehr unterordnen und meine eigentlichen Qualitäten aufgeben, um dann dafür fünf Stunden am Tag Gesang zu trainieren.

A.J.:
Obwohl du kritisiert worden bist, scheinst du aber trotzdem schon damals ein gesundes Selbstbewusstsein gehabt zu haben, oder musstest du dir das auch erarbeiten? Worauf ich hinaus will, ist dieser moderne Begriff Mindset. Sagt dir das was?

Evi Niessner:
Das war bei mir damals unbewusst. Ich hatte ein äußerst schwaches Selbstbewusstsein, das ich aber immer überspielt habe mit: Angriff ist die beste Verteidigung.

Ich hatte wahnsinnige Angst, auf die Bühne zu gehen, beurteilt zu werden. Ich habe mir dann immer den Anspruch gestellt: Ich muss besser als alle anderen sein, damit ich gut genug für mich bin und damit ich keine Kritik bekomme. Am Anfang war es mein Anreiz, dass keiner an mir irgendwas aussetzen kann, dafür habe ich hart an mir gearbeitet. Das hat mir geholfen, über mich oder über meine Schwächen hinauszuwachsen,

A.J.:
Dir war von Anfang an klar: Du willst auf die Bühne, willst Sängerin werden. Das bedeutet, vor Publikum zu stehen und sich Kritik auszusetzen. Gleichzeitig hattest du anfangs ein schwaches Selbstwertgefühl. Wie hast du das für dich aufgelöst? Gab es damals schon einen Mentor? Gab es damals bereits Techniken, um in dem Bereich an dir zu arbeiten? Oder kam das alles für dich aus dem eigenen Inneren durch Überlegung und Nachdenken?

Evi Niessner:
Das war fifty-fifty. Ich ein sehr reflektierter Mensch und ich habe mich immer gefragt: Wieso habe ich denn ein schlechtes Selbstbewusstsein? Und was kann ich dagegen tun? Ich bin jemand, der in die Aktivität geht, um Situationen für sich zu verbessern.

Man braucht natürlich auch Menschen, die an einen glauben, und in meinem Leben gab es immer Lehrer – schon in der Grundschule, später auch in der Ausbildung, im Studium – die total an mich geglaubt haben. Und es gab auch immer welche, denen ich ein Dorn im Auge war, weil ich ihrem Weltbild nicht entsprochen habe.

Meine Gesanglehrerin, Janice Harper, eine Amerikanerin, hat total an mich geglaubt. Sie war neu am Wiesbadener Konservatorium und hat mich als Schülerin übernommen. Ich war in einem Stadium, wo ich mir keine großen Chancen mehr gab, aber Frau Harper hat in mir etwas gehört, wo sie sagte: „Das ist es wert, dass ich mit dieser Schülerin arbeite."

Sie hat mich immer unterstützt. Zum Beispiel ist sie mit mir zu einem HNO-Professor an einer Klink gegangen, weil ich massive funktionale Stimmprobleme hatte. Ich war zum einen in der Pubertät, zum anderen gab es eine starke Krise in meiner Familie. Ich habe damals, aus dieser ganzen Verzweiflung heraus, sehr stark geraucht, hatte eine schwere Katzenallergie, was dann alles zusammen zu Asthma geführt hat. Wenn man mich damals hat singen hören – da kam fast nichts mehr raus. Und dennoch hat diese Lehrerin an mich geglaubt und hat immer gesagt: „Sei guter Dinge, Evi. Es wird alles gut." Sie hat einfach konstant und entspannt mit mir gearbeitet, in so einem ganz tiefen Selbstvertrauen, das sie dann auch an mich weitergab.

Und ich habe wiederum an sie geglaubt, weil sie auch eine sehr erfolgreiche Bühnensängerin war. Sie war nicht nur Lehrerin, sondern hatte parallel ein Engagement am Staatstheater. Ihr Mann ist auch ein berühmter Tenor, Robert Smith. Das waren Menschen aus der Praxis mit einem sehr hohen Können, und nicht nur Lehrer.

A.J.:
Sie war eine Mentorin für dich?

Evi Niessner:
Ja, absolut.

A.J.:
War sie sich dessen bewusst, dass sie dich auch jenseits des rein Musi-kalischen schult?

Evi Niessner:
Ja, ganz bestimmt.

A.J.:
Sie hatte eine psychologische Ausbildung?

Evi Niessner:
Das weiß ich nicht. Sie war ausgebildete Konzertpianistin, dann machte sie ihr Studium als Sängerin. Sie hat dann Klavier gespielt und selber gesungen, und ich dachte, so werde ich nie singen können. Diese feine Technik brachte sie mir dann aber bei, und sie baute meine Stimme quasi aus dem Nichts wieder auf. Ich hatte zwar eine funktionale Stimmstörung, aber das hatte ja mit meinem musikalischen Talent nichts zu tun. Frau Harper hat mir klargemacht, dass man die Störung reparieren kann.

Sie ist niemand, die einfach nur nett sein will und sagt: „Ich glaube an dich." Das ist zu dünn. Sondern sie arbeitete in diese Richtung mit mir und sie machte mir klar, dass ich selbst etwas tun muss und dass ich mit dem Rauchen aufhören muss.

A.J.:
Gab es im weiteren Verlauf deiner Karriere einen Zeitpunkt, wo du dich ganz bewusst mit dem Thema Mindset auseinandergesetzt hast? Was kannst du tun, um deine Psyche zu stabilisieren? Dich weiter aufbauen, um den größeren Aufgaben auch gewachsen zu sein?

Evi Niessner:
Das hat erst Jahre später bewusst stattgefunden. Irgendwann Mitte der 90er kam dieses *Mental Training* auf. Damals fand ich das albern, so wie alles, was so in Richtung Esoterik ging. Aber es hat mich trotzdem auch immer interessiert. Dann erzählte mir jemand von NLP, Neuro-Linguistische Programmierung. Da geht es darum, wie man sich über Sprache in seinem Gehirn brieft.

Was ich da für mich rausgezogen habe, ist: Wenn man auf die Bühne geht, muss man sich selbst briefen, sich die Frage beantworten: Wie gehe ich jetzt auf die Bühne?

Wenn ich das nicht machte, hatte ich Auftritte, in denen ich neben mir stand, in denen ich das Gefühl hatte, ich komme nicht in den Flow. Oder ich komme nicht raus aus einer Gedankenschleife, die sich um private Dinge dreht und die mich daran hindert, auf der Bühne das zu tun, was ich tun will und worin ich gut sein möchte.

A.J.:
Kannst du das bitte näher erläutern?

Evi Niessner:
Die Technik beginnt damit, dass man sich erst mal bewusst macht: Was ist das Problem? Bei mir bemerkte ich als Problem, dass ich an andere Dinge dachte. Nicht nur daran, was ich am nächsten Tag mal zum Mittagessen kochen könnte, sondern in Gedanken beurteilte ich mich oder stellte mir vor, wie die Menschen jetzt das, was sie von mir wahrnehmen, beurteilen.

A.J.:
Wie hast du eine Lösung für das Problem gefunden?

Evi Niessner:
Ich arbeite meistens mit einem Partner zusammen auf der Bühne und dadurch, dass ich ihn quasi gecoacht und gebrieft habe, habe ich mich auch gecoacht und gebrieft.

Selbstkritik ist sehr wichtig und da immer ehrlich zu sich sein und sich lieber mehr zu kritisieren, als dies andere tun würden, also wirklich da das Gras wachsen zu hören. Aber der Zeitpunkt ist entscheidend. Auf der Bühne ist niemals der Zeitpunkt für Kritik. Sondern davor und danach, da aber auch in verschiedenen Qualitäten.

Auf der Bühne, da habe ich so ein kleines schwarzes mentales Kästchen mit mir und darin sammle ich alles, was auftaucht, wie zum Beispiel: Immer an dieser einen Stelle habe ich das Gefühl, die Moderation funktioniert nicht so richtig, oder: dieser Übergang ist immer holprig, oder: an der Stelle haben mein Partner und ich keine Verbindung zueinander und kriegen den Einsatz nicht zusammen. Nach der Show macht man das Kästchen dann auf. Wir machen nach jeder Show Manöver-Kritik.

Das größte Gift ist, mit Angst auf die Bühne zu gehen, dieser Angst vor der Beurteilung. Und dass man sich selbst auch beurteilt.

A.J.:
Ist es das, was wir Lampenfieber nennen?

Evi Niessner:
Zum Beispiel, ja. Bei Lampenfieber gibt es einen hohen Adrenalineinschuss. Das ist ja eine Energie, und diese Energie gilt es, für sich und für die Performance zu nutzen, und nicht sich davon herunterdrücken zu lassen.

Diese gewisse Nervosität, wenn man eine Stunde vor der Vorstellung so langsam dieses Kribbeln aufkommen spürt, die darf nicht verbunden sein mit Angst. Adrenalin gibt man den Leuten, die einen Herzinfarkt hatten. Die kriegen Adrenalin gespritzt, damit sie wieder lebendig werden. Adrenalin ist einer der größten Pushs, es ist wie eine Droge und die muss man dann für sich nutzbar machen und in eine positive Energie umwandeln. Das kann man nur, wenn man den Adrenalin-Push, dieses physische Empfinden, in seinem Gehirn mit einem positiven Gedanken verknüpft. Wenn man ihn immer mit Angst vor Beurteilungen kombiniert, dann hat man verloren.

A.J.:
Angenommen, Du hast in einer Stunde einen Bühnenauftritt, langsam beginnt der Puls sich zu erhöhen, das Adrenalin wird ausgeschüttet. Was machst du konkret, um nachher die Power auf der Bühne zu haben und die Sicherheit?

Evi Niessner:
Ich brauche vor allen Dingen Konzentration. Wenn ich vor der Show zu viele Dinge habe, um die ich mich kümmern soll oder wo Leute irgendwas von mir wissen wollen – das ist immer schlecht.

Gut ist es, wenn ich wirklich alleine in meiner Garderobe bin, mich schminke. Dann sehe ich mein Spiegelbild und ich kann ganz in mich gehen und die Sachen, die ich auf der Bühne mache, noch mal grob durchscannen. Ich habe den Überblick über die Show und über den vielen Text, den ich habe.

Das ist ein ganz wichtiger Punkt: Sicherheit kommt aus Sicherheit. Das hört sich banal an, aber wenn man ganz sicher weiß, was man tut auf der Bühne und was das alles soll, dann schafft man das wie Fahrradfahren oder Laufen. Das sind körperlich geankerte, feste Abläufe, auf die man sich verlassen kann. Die sogar so laufen, dass man schon wieder vorausdenken kann: Was kommt als nächstes?

Dann kommt man in das Stadium, in dem man nicht mehr linear denkt, also immer nur: Was ist das Nächste? Was ist das Nächste? Sondern man verschafft sich vor der Show das Panoramabild über den gesamten Abend. Man ist sich gewiss, nicht nur am Anfang Power zu haben, sondern auch am Ende noch die Konzentration, die Namen der Künstler im Finale in der richtigen Reihenfolge aufzusagen.

Früher war es oft so, dass ich am Anfang so viel Power gegeben und so viel Energie schon rausgelassen habe, dass mir zum Schluss beim Finale einfach die Kondition gefehlt hat. Man muss in seinem Mindset vorher versuchen, sich ein Energiekonzept zu machen, einen großen Bogen über die gesamte Zeitspanne, in der man da aktiv ist, weil das sonst Sicherheit kostet. In dem Moment, wo man merkt, ups, jetzt habe ich die Konzentration nicht mehr, gerät sofort auch dieses Selbstbewusstsein ins Wanken, und dann fängt man an zu stolpern und zu straucheln. Und dann denkt man an einer Stelle an etwas anderes und eine Minute später passiert dann der Fehler.

A.J.:
Deine Technik besteht also in der Imagination des kompletten Ablaufs. Dadurch gewinnst du Sicherheit, weil er tatsächlich klar vor deinem inneren Auge abläuft. Wahrscheinlich wirst du noch andere Techniken haben?

Evi Niessner:
Es gibt auch noch den Text. Wir alle haben Text oder Musik abzuliefern auf der Bühne. Ich habe sowohl Sprechtexte als auch musikalische Texte und ich lerne die Sprechtexte genauso wie Musik.

Es ist sehr wichtig, den Rhythmus immer mitzusprechen und Texte so oft durchzusprechen, dass sie so sicher wie Fahrradfahren werden. Durch das ständige Wiederholen ankert man das doppelt, also auch physisch. Schauspieler sagen dazu „in die Schnauze kriegen". Wenn man mich nachts um drei aus dem Tiefschlaf aufwecken würde, könnte ich diese Texte noch auswendig sprechen und zwar in genau immer dem gleichen Duktus.

Es ist eine falsche Vorstellung, dass man sich langweilt, wenn man immer so viel wiederholt. Beim Wiederholen geht es darum, immer mehr in der Tiefe die Qualität zu verfeinern. Mein Ansatz ist, nicht ständig etwas Neues zu machen, sondern das, was ich mache, immer mehr zu vertiefen. Dann bekommt es eine immer stärkere Qualität und Präsenz durch diese Sicherheit und durch die physische Verankerung im Körper. Durch die Technik, Sprechtexte fast wie Musiktexte, fast wie Gesang zu lernen, sitzen sie.

Ich habe schon oft das Phänomen erlebt: Je sicherer diese Texte sind und ich parallel vorausdenken kann, desto freier wird das Gehirn auf einmal, weil man dann im sogenannten Flow ist. Das ist ja das schönste Gefühl. Das ist, glaube ich, warum man sich auf der Bühne wohlfühlt. Es ist wahrscheinlich vergleichbar mit dem Gefühl eines Marathonläufers, wenn er nach einer gewissen harten Zeit der Anstrengung in so einen Selbstlauf kommt. Das ist dann der Flow. Und dann hat man plötzlich unendlich viel Raum für Kreativität. Dann fallen mir die lustigsten Sprüche und Spontanreaktionen ein. Dann ist mein Gehirn so frei, dass ich merke, da ist noch so viel mehr! Und das kann man sich dann einfach alles pflücken.

A.J.:
Wie geht ein Profi wie du mit einem Blackout auf der Bühne um?

Evi Niessner:
Ich erzähle eine Geschichte, wo ich einen Blackout hatte: Ich habe eine Show gemacht, die saß noch nicht so sicher, da war noch viel neu. Das Showformat ist zweimal 45 bis 50 Minuten lang. Ich bin durch die ersten 45 Minuten ziemlich gut durchgekommen und fast am Ende des ersten Teils gab es einen lauten Knall im Saal und ich dachte: Hat jetzt jemand geschossen? War das jetzt eine Bombe? Was war das? In Wirklichkeit war ein Scheinwerfer geplatzt, was ich aber nicht gleich wusste. Ich bin also wahnsinnig erschrocken, habe mir das aber überhaupt nicht anmerken lassen. Ich hatte noch ein ganzes Lied zu singen und habe den ersten Showteil zu Ende gespielt. Alles wunderbar.

Dann war die Pause, nach der Pause ging ich auf die Bühne. Im ersten Lied, was ganz viel Text hatte, hatte ich plötzlich einen Blackout. Und dann habe ich erst mal innegehalten und habe zum Publikum gesagt: „So, jetzt habe ich einen Blackout. Ich muss noch mal von vorne anfangen" – und habe darüber selber gelacht und alle haben mit mir gelacht. Zu dem Zeitpunkt wussten dann auch alle, was passiert war und warum ich jetzt einen Blackout hatte.

Dadurch dass ich es angesprochen habe, also durch die Technik *name the problem*, hat sich das Problem gelöst. Wenn ich den ganzen Abend versucht hätte, diesen Blackout zu vertuschen, hätte sich eine Spannung aufgebaut. Man hätte gemerkt, dass das Lied nur halb gesungen gewesen wäre und so keinen Sinn ergeben hätte oder bei einem komiklastigen Lied die Komik nicht aufgegangen wäre. Auch wenn die Menschen im Publikum es vielleicht nicht näher hätten benennen können, sie hätten gespürt, es stimmt was nicht, hier ist irgendwas falsch gelaufen. Und das löst man dadurch auf, indem man es einfach anspricht.

Bei einem sehr textlastigen, schnellen Programm kann es passieren, dass es einen wie einen Rennfahrer vollkommen aus der Kurve schmeißt. Dann muss man sich sagen: So einem Rennfahrer ist das ja auch nicht peinlich, wenn er aus der Kurve fliegt. Das gehört dazu, je höher das Tempo ist und je höher die Anforderung, desto eher. Bei so einem Rennen auf Weltniveau schleudert es einen halt auch mal aus einer Kurve. Aber dann nimmt man die Fans mit in die Kurve und dann hat man auch schon eine Nähe zum Publikum hergestellt.

A.J.

Gibt es auch den Fall, dass man nicht mehr reinkommt?

Evi Niessner

Ist mir noch nie passiert. Ich glaube, das ist, wenn man wirklich ein zutiefst verunsichertes Wesen hat und auch nicht gut genug vorbereitet ist. Es ist wirklich so: Das A und O ist, gut vorbereitet zu sein. Man muss wirklich die Sachen gut können. Diese harte Arbeit an sich selbst, auch dieser Fleiß vorher, damit man dann auf der Bühne frei sein kann, das ist eben der Preis.

A.J.

Hast du schon mal Panikattacken vor einem Auftritt gehabt?

Evi Niessner

Nein, Panikattacken gar nicht.

A.J.

Nie den Moment gehabt, dass du dich plötzlich fragst: Was mache ich hier eigentlich? Bin ich wahnsinnig, mich da auf der Bühne zu präsentieren? Den Moment, wo plötzlich ein extremer Fluchtinstinkt entsteht?

Evi Niessner

Nein. Ich habe oft dieses: Jetzt könnte ich nach Hause gehen und mich vor den Fernseher setzen und stricken. Das ist dann dieser Moment, durch den man noch mal kurz durch muss und sich sagt: Nein, jetzt wird hier nicht gekniffen! Man steht hinter dem Vorhang und weiß, es geht auch gleich schon los. Die Band spielt Trommelwirbel, ich werde angesagt, ich werde gleich auf die Bühne kommen, und da ist dann wirklich dieser berühmte Schalter, den ich in meinem Gehirn umlegen kann und sage: Jetzt bin ich im Show-Modus!

Wir alle haben unser privates Leben, unsere Gefühle. Es gibt immer irgendetwas, das uns bedrückt oder belastet. Das gehört nicht mit auf die Bühne genommen. Ich erinnere mich an eine Phase, da war mein Vater gerade gestorben und ich hatte eine sehr starke Bronchitis, dann Asthma, und da habe ich gemerkt, ich kann nicht auf die Bühne gehen. Was mich belastet, ist so stark, das kann ich jetzt nicht wegdrücken.

Aber bei allem anderem, zum Beispiel wenn man gerade etwas kränkelt, kann man auf das Adrenalin vertrauen. Das Adrenalin hat mich schon durch Vorstellungen gepusht, wo ich vorher dachte, es geht gar nicht. Wenn man beispielsweise erkältet ist, muss man abwägen, ob das vernünftig ist. Man muss sich nicht mit jeder Krankheit auf die Bühne begeben. Es kam vor, dass ich mich gezwungen habe, auf die Bühne zu gehen, weil ich dachte, das ist jetzt Künstlerehre, und es dann schwer bereut habe.

Das ist auch etwas, das man lernen muss: sich vorher einzuschätzen und seinen Körper sehr gut zu kennen. Damit bin ich inzwischen wesentlich entspannter und habe auch diese Angst nicht mehr, nie wieder engagiert zu werden, wenn ich einen Auftritt absage. Wenn ich mich aber für den Bühnenauftritt entschieden habe, dann gehört die ganze Vorgeschichte nicht auf die Bühne, denn das Publikum interessiert das nicht. Und es stört einen selbst beim Vortrag und man ist dann traurig, wenn man es hat einfließen lassen.

Was allerdings wiederum gut geht, ist, wenn man emotionale Momente hat. Wenn man auch wirklich Dinge schauspielert und dann auch mal ins Dramatische geht, dann eine traurige Erfahrung, die man persönlich gemacht hat, in die Emotion einfließen zu lassen. Ich habe zum Beispiel eine Stelle in meinem Piaf-Programm, wo ich als Edith Piaf meinen Geliebten verloren habe und zu Gott bete und ihn anschreie: „Warum hast du mir jetzt meinen Geliebten genommen?" Da lasse ich meine persönlichen Verlusterfahrungen mit einfließen und die Emotion wird dadurch tiefer.

Es gibt allerdings einen großen Unterschied zwischen persönlich und privat. Privat ist all das, was wirklich das Privatleben ist. Das gehört nicht auf die Bühne und man tut sich selbst einen sehr großen Gefallen, wenn man das hinter dem Bühnenvorhang lässt.

A.J.
Es heißt, dass der Applaus der Lohn oder das Brot des Künstlers ist. Bemisst du die Qualität deines Auftritts an der Reaktion des Publikums? Ist der Applaus gar so etwas wie eine Droge für dich, von der dein Selbstwertgefühl abhängt?

Evi Niessner
Nein, für mich war ein Auftritt immer nur so gut, wie ich ihn empfunden habe. Im Idealfall hat das Publikum ihn genauso empfunden wie ich. Das ist vielleicht in achtzig Prozent der Fälle so. Wenn das Publikum begeistert war, ich aber den Eindruck hatte, das war kein guter Auftritt, dann bin ich nicht happy. Der Applaus ist etwas, was dazugehört, aber das ist nichts, von dem ich mich abhängig mache. Es gab auch Auftritte, da war ich in einem Flow, das Publikum hat aber nur so medium den ganzen Abend durchgeklatscht. Aber das sollte man nicht werten. Es gibt kein schlechtes Publikum, es ist meine Verantwortung, dieses Publikum maximal gut zu unterhalten und emotional zu berühren.

Früher wollte ich immer nur gut sein, um bewundert zu werden. Das ist oft die Anfangsmotivation, warum man auf eine Bühne geht.

Das hat sich bei mir sehr verändert, weil ich gemerkt habe, das ist zu dünn. Ich habe jetzt viel mehr Erfüllung darin, wenn ich selbst merke, dass ich richtig gut war und mit den Künstlern, mit denen ich auf der Bühne zusammen agiere, in einen gemeinsamen Flow gekommen bin.

Und wenn dieser Flow auf den ganzen Saal übergeht und das dann wieder zurückkommt, wenn plötzlich eine Multiplizierung von Energie stattfindet, die dann alle genießen können – dann war das für mich eine runde Sache und daraus ziehe ich die Befriedigung. Es ist das gemeinsame Erleben. Aber immer mit dem Bewusstsein, dass es in meiner Verantwortung liegt.

A.J.
Du beschreibst ein Szenario von unglaublicher Intensität. Was geschieht, wenn der Auftritt beendet ist, du die Bühne verlässt und dieses Hochgefühl durch die Glückshormone, die in deinem Körper schwimmen, baut sich langsam ab? Viele Künstler beschreiben, wie sie allein im Hotelzimmer sind und spüren, wie die Leere des realen Lebens zurückkehrt. Viele beschreiben, dass sie in ein schwarzes Loch stürzen und dann auf Alkohol oder Drogen zum Abfedern zurückgreifen. Wie gehst du mit der Situation um, wenn die Euphorie des Auftritts abebbt?

Evi Niessner
Ich bin ja nicht Madonna, die dann von ihrer Eskorte nach Hause gefahren wird oder ins Hotel, sondern ich habe nach der Show immer noch ziemlich viel zu erledigen. Es muss abgebaut werden, die Autos beladen, die Kostüme eingepackt und mit dem Veranstalter noch geredet werden. Außerdem findet noch eine Nachbesprechung mit den beteiligten Künstlern statt. Ich bin nicht nur die Darstellerin, sondern auch immer für alles andere verantwortlich. Ich bin also tiefer eingebunden in den ganzen Prozess und auch abgelenkt durch die Beschäftigung mit den vielen Aufgaben. So kann ich langsamer runterkommen.

Aber es gibt auch Shows, wo ich nur mit einem Pianisten auf der Bühne stehe, dann geht jeder in sein Hotelzimmer und dann ist man alleine. Ich habe es mir aber abgewöhnt, Alkohol nach der Show zu trinken, denn ich blockiere damit das Gehirn. Auch dieses ausufernde Essen danach, was oft ein Gelage war, habe ich mir abgewöhnt. Ich bleibe am liebsten ganz pur, dann geht es mir am nächsten Morgen gut.

Das sogenannte schwarze Loch nach einem Auftritt nennen wir intern Muckerstarre. Man ist am nächsten Tag leer und körperlich erschöpft. Diese Form von Depression hatte ich früher häufiger. Dann ist die Frage, steht jetzt gleich wieder der nächste Auftritt an oder ist man erst mal wieder zu Hause und hat einen freien Tag?

Und es kommt auch darauf an, wie man die Auftritte für sich im Nachhinein bewertet. Wenn man unzufrieden ist, weil etwas nicht gut lief, dann aber reflektiert und überlegt, wie man es das nächste Mal besser machen kann, ist man ja trotzdem schon wieder in einem konstruktiven Prozess.

A.J.:

Tut es dir gut, nach einer Show in sozialen Kontakt zu gehen oder bist du lieber für dich allein?

Evi Niessner:

Kommt immer darauf an, mit wem. Wenn ich als Solo-Künstlerin unterwegs bin, bin ich lieber für mich alleine. Wenn ich mit meinem Mann unterwegs bin, dann haben wir ein Doppelzimmer oder eine längere Autofahrt nach Hause. Dann bin ich froh, dass wir zusammen sind. Mit meinem Mann habe ich ein sehr starkes Vertrauensverhältnis, ein über viele Jahre aufgebautes Selbstverständnis und auch so eine dichte gemeinsame Sprache und Vokabular, wo wir nicht extra noch was erklären müssen.

A.J.:

Wir haben jetzt vor dem Auftritt, während des Auftritts, nach dem Auftritt behandelt. Das noch mal zusammengefasst: Gibt es Techniken oder Übungen für dich, die das Mindset betreffen oder Allgemeines, um sich grundlegend sehr gut vorzubereiten?

Evi Niessner:

Man muss dieses Panoramabild von dem Abend haben, muss einfach wissen: Ich habe jetzt dieses Thema, und in diesem Thema gibt es die und die Untergruppen. Man muss sich das wirklich visuell einteilen: Ich befinde mich jetzt gerade hier in diesem Themenraum, es geht um dieses Thema. Und selbst, wenn ich dann mal die nächste Abfahrt nicht weiß, bin ich immer noch in diesem großen Thema. Zu dem komme ich dann wieder zurück und hier schließe ich die Klammer und komme zum nächsten Thema. Dadurch schafft man sich einfach größere Inseln, und wenn man mal an einer kleinen Stelle den Faden verloren hat, fällt man so nicht gleich in ein schwarzes Loch.

A.J.:

Auf der Bühne brauchst du eine sehr extrovertierte und große Körpersprache. Lebst du das privat auch oder ist sie da reduziert? Und wenn ja, wie kommst du für die Bühne in diese große Dimension?

Evi Niessner:

Ob groß oder klein, es muss immer das viel zitierte *authentisch* sein. Das heißt, es muss dem angemessen sein, was man jeweils macht. Wenn man zum Beispiel Camera Acting macht, dann hat man eine wesentlich reduziertere Mimik oder kann mit gedämpfter Stimme sprechen.

Ich habe ein Mikrofon. Für mich ist das Mikrofon das Tor zum Publikum und im Laufe der Jahre habe ich auch eine sehr gute Mikrofontechnik entwickelt. Ich kann den Leuten quasi ins Ohr flüstern, kann auch mit einer sehr leisen Stimme eine sehr große Nähe schaffen.

Und es ist nicht immer dieses: Die Bühne ist groß, deswegen muss ich pumpen, pumpen, powern, powern! Sondern eigentlich besteht die Kunst darin, diese Spannung, diese Präsenz zu halten und sich selber aber gleichzeitig total zurückzunehmen. Wenn man immer nur pusht, dann drückt man die Leute gegen die Wand und dann fühlen sie sich überrumpelt.

Man muss immer wieder die Leute auch kommen lassen. Man muss ihnen die Gelegenheit geben, auch zu atmen. Ich will nicht, dass die Leute den ganzen Abend lang den Atem anhalten, sondern dass man immer wieder Spannung aufbaut und sie auch wieder rauslässt. Das nennt man Dramaturgie, die es im Großen und im Kleinen an so einem Abend geben muss. Im Großen ist es die Anordnung der Stücke, im Kleinen: Wie baue ich einen Gag auf? Den ersten, den zweiten Schritt und der dritte ist dann der Lacher. Das sind ganz konkrete Techniken, wie man einen Text schreibt und wie man ihn präsentiert.

A.J.:
Wie baust du Gags auf beziehungsweise wie überprüfst du, dass ein Gag funktioniert, dass das Timing stimmt? Machst du das coram publico oder mit Freunden?

Evi Niessner:
Ich schreibe mir die Gags immer erst in Stichpunkten auf, dann sind sie meistens zu lang oder zu sehr um die Ecke gedacht. Dann bespreche ich sie immer mit meinem Partner und kürze oder vereinfache sie. Manchmal merke ich auf der Bühne, dass sie immer noch zu lang sind, dann erkenne ich aber ganz genau die Stellen, an denen ich kürzen muss.

A.J.:
Das merkst du aber erst vor Publikum?

Evi Niessner:
Das merke ich manchmal erst auf der Bühne, aber das darf nicht so eklatant sein, dass der Gag überhaupt nicht funktioniert. Unsere Moderationen sind auch nicht so sehr auf Gags angelegt wie bei einem Comedian, der den Dreieraufbau nutzt.

A.J.:

Was ist ein Dreieraufbau?

Evi Niessner:

Du sagst den Satz einmal, dann sagst du ihn zum zweiten Mal in einer abgewandelten Form und der dritte ist dann der Lacher. Die Sache an sich ist manchmal gar nicht lustig, aber durch das Timing und die Spannung, die du aufbaust, ist dir der Lacher garantiert, auch wenn der Gag manchmal blöd ist oder flach. Die deutsche Fernsehcomedy funktioniert komplett nach diesem Strickmuster.

Ich mache aber auch gerne mal ein paar subtilere Gags, die nach einem anderen Strickmuster funktionieren, und muss dafür dann auch in Kauf nehmen, dass den Gag nicht immer alle auch mitkriegen. Die, die es auch mitkriegen, wenn es eine andere Form von Humor ist, die wissen das dann sehr zu schätzen.

A.J.:

Kannst du uns noch etwas über die Stimme, die Stimmausbildung erzählen? Wie behält man die Kraft auf der Bühne? Was für Techniken gibt es? Was für Übungen?

Evi Niessner:

Es gibt ganz viele Techniken. Viele arbeiten mit Atem. Ein Credo meiner Ausbildung war immer: Das Atmen braucht man nicht zu lernen, das kann man schon. Man atmet nur oft falsch. Die Psyche spielt da ganz stark mit hinein und das Einzige, was man lernen muss, ist, wieder natürlich zu atmen. Das Atmen ist ein Reflex, man kann gar nicht anders, als wenn man ausgeatmet hat, wieder einzuatmen. Aber oft atmet man viel zu viel ein und staut dann die Luft. Dann wird die Stimme zittrig, weil man versucht, die große Menge Luft, die jetzt unter den Stimmbändern sitzt, unten zu halten, diese Luft aber raus will.

Das Atmen ist eine Welle, das heißt, es funktioniert rhythmisch. Wenn ich jetzt einen Takt lang ausgeatmet habe, werde ich auch wieder einen Takt lang einatmen. Im Gesang ist es also eigentlich logisch, wo die Stellen sind, an denen man atmet. Aber es wird meistens zu viel geatmet und gepumpt.

Ich glaube, wenn man sich im Hirn zu stark mit dem Atmen beschäftigt, stört es die Reflexivität. Ich habe immer Atemübungen vermieden, auch die der Meditation oder des Yogas. Man muss in allem anderen entspannt sein, dann ist der Atem auch ganz natürlich und funktioniert von selbst.

A.J.:

Der Atem ist nur ein Aspekt. Gibt es Stimmübungen, die du machst, oder Artikulationsübungen während des Tages oder vor deinem Auftritt?

Evi Niessner:

Indirekt. Ich singe mich in der Tat vor dem Auftritt fast gar nicht mehr physisch ein, das ist alles nur noch mental. Ich bereite mich mental darauf vor, dass mein Stimmorgan aufgestellt ist. Dafür nutzt es, darüber informiert zu sein, wie der Kehlkopf im Hals sitzt und wie die Stimmbänder funktionieren. Es gibt keine Tätigkeit, nicht mal Schwimmen oder Bergsteigen, bei der mehr Muskeln gleichzeitig im Einsatz sind als beim Singen.

Wichtig ist, dass man eine innere Symmetrie hat, denn die Stimmbänder können nur so glatt miteinander schließen, wie sie symmetrisch schließen. Wenn da eine Unebenheit ist, dann ist schon ein Verlust an Reibung da, und die Luft kann nicht mehr glatt durchströmen. Dann wird die Stimme angestrengt, dann muss man pushen.

Die Spannungsverhältnisse sind wichtig, dass man beim Singen und beim Sprechen nicht zu viel, nicht zu wenig Spannung hat. Das erfordert viel physisches Training, aber es muss auch immer Zeiten geben, wo man gerade nicht aktiv trainiert, sondern nur im Kopf.

A.J.:

Evi, gibt es etwas, dass du zum Abschluss den Interessierten mit auf den Weg geben möchtest?

Evi Niessner:

Wichtig ist einmal, grundsätzlich in der Sache sehr gut vorbereitet sein. Zum andern: das Ego und den Wunsch nach Selbstbestätigung ausschalten. Wie finden die Leute das? – das sollte man sich vorher oder nachher überlegen, aber niemals auf der Bühne. Sich rein auf die Sache zu konzentrieren, um die es da geht, bringt die entsprechende Lockerheit, die man braucht, und auch die Überzeugungskraft. Denn es ist zu spüren, ob man es macht, um bewundert zu werden, oder sich ganz auf die Sache konzentriert, auf die ganz bestimmte Idee, die man vorstellen will.

A.J.:

Vielen Dank für das Gespräch, Evi.

4.2   Interview mit Solo-Trompeter Samuel Walter

Samuel Walter

1994 als vierter Sohn einer Musikerfamilie in Kleve am Niederrhein geboren. Seine Liebe gilt der Trompete. Jungstudium an der Robert Schuman Hochschule Düsseldorf. 2019 Bachelorabschluss an der Hochschule für Musik und Theater Hamburg, HfMT.
Gründer des Ensembles *Brasssonanz*, Absolvent der Karajan-Akademie der Berliner Philharmoniker.

Bereits als Teenager beschäftigt Samuel Walter sich im Rahmen seiner Auftritte und Wettbewerbsteilnahmen mit den Themen des eigenen Egos, Auftrittsängsten und dem Selbstbewusstsein.

Das Interview wurde während seiner Probezeit als Solo-Trompeter am Mannheimer Nationaltheater geführt.

INTERVIEW

A.J.:
Samuel, was genau macht ein erster Solotrompeter?

Samuel Walter:
Wir haben drei, vier Vorstellungen in der Woche, von denen spiele ich zwei bis drei. Dann sitzt man unten im Orchestergraben oder auch auf der Bühne und muss zwei, drei, manchmal auch fünf Stunden seine Leistung bringen und spielen.

A.J.:
Aber warum heißt es Solotrompeter?

Samuel Walter:
Wir sind immer mehrere Trompeter, wie in jeder Gruppe mehrere Instrumentalisten sind, und der erste hat dann jeweils immer die wichtigste Stimme, die technisch schwersten Sachen zu spielen und die musikalisch exponiertesten Sachen, die man am meisten heraushört.
    Die Solotrompeter haben also quasi bei den Blechbläsern und speziell in der Trompetergruppe den wichtigsten Job.

A.J.:
Solo heißt aber auch, dass du ganz alleine oder mit Orchesterbegleitung auf der Bühne stehst?

Samuel Walter:

Genau. Stücke für Solo-Trompete sind im Orchesteralltag nicht ganz so oft der Fall, aber wenn eins aufgeführt würde, dann würden mein Kollege und ich als erstes angesprochen werden, um so ein Stück mit Begleitung des Orchesters alleine vorzuspielen.

A.J.:

Du bist erst 24 Jahre alt und spielst in diesem renommierten Orchester bereits an exponierter Stelle. Wie hast du das geschafft?

Samuel Walter:

Ich glaube, das Wichtigste ist Ausbildung und Wissen. Und da muss man auch klar sagen, dass da meine Eltern federführend gewesen sind. Wir sind vier Kinder und wir haben alle eine sehr gute Ausbildung erhalten, auch musikbezogen. Drei von vier sind jetzt professionell in der Musik tätig.

Ich habe eine akademische Ausbildung erhalten und dadurch bin ich früh in Kontakt gekommen mit Psychologie, mit Auftrittstraining, mit Mental-Coaching und so weiter. Besonders über meine Mutter, sie unterrichtet sehr viel.

A.J.:

Hat sie das intuitiv gemacht oder ist sie professionell als Mental-Coach geschult worden?

Samuel Walter:

Sie hatte auch auf Orchester studiert und das alles auch selber durchgemacht. Aber damals war Familie und Musik noch nicht so in Einklang zu bringen, was heute zum Glück so langsam besser wird, und sie hat sich dann für Familie entschieden.

A.J.:

Wann bist du als Musiker mit den mentalen Themen in Berührung gekommen?

Samuel Walter:

Es ging damit los, dass ich für mich an eine Grenze kam, als ich mit 14 meine erste Aufnahmeprüfung an der Hochschule für das Jungstudium gemacht habe. Ich bin auf die Bühne gegangen und ich konnte auf einmal keinen Ton mehr spielen. Seitdem habe ich mich damit beschäftigen müssen. Ich konnte für drei Jahre lang kaum auf einer Bühne stehen oder mich irgendwie musikalisch auf einem Instrument präsentieren.

A.J.:

Wolltest du denn von Anfang an Solotrompeter werden und auf der Bühne stehen?

Samuel Walter:

Das kam vor der Aufnahmeprüfung. Mein Bruder und ich waren zusammen bei dem großen Schagerl Brass Festival, das ist ein Musikfestival mit einer Ausstellung des Instrumentenbauers Schagerl. Da kommt man in Berührung mit vielen berühmten Leuten der klassischen Musikszene und Trompeterszene, auch der Jazztrompeter-Szene. Da lernt man Leute wie James Morrison oder Thomas Gansch kennen. Aber auch Orchestertrompeter wie ein Hans Gansch – er war ein Trompeter in Wien bei den Philharmonikern.

Und mein großes Vorbild: Gábor Tarkövi, Solotrompeter der Berliner Philharmoniker. Den habe ich damals kennengelernt und ihm ein paar Fragen gestellt. Da habe ich mir gesagt: Ich will das machen, was Gábor Tarkövi macht. Ich will Solotrompeter der Berliner Philharmoniker werden.

A.J.:

Du hast dir ein großes Ziel gesetzt.

Samuel Walter:

Ein ganz großes Ziel, und mit 14 wusste ich überhaupt nicht, was das bedeutet. Das hat sich dann relativiert, weil ich dann mit 16, 17 Jahren verstanden habe, wie viel Arbeit es erfordert, wie viel Stress es wirklich ist, wie viel mentale Stärke man dazu braucht.

Das war ein ganz wichtiger Punkt zu relativieren und zu sagen: Vielleicht gibt es Zwischenziele, die ich jetzt erst mal in Angriff nehmen sollte. Aber das große Ziel habe ich nie aus den Augen verloren.

A.J.:

Du bist durch deine musikalische Familie in die Musik hineingekommen, hast ganz normal Trompete spielen gelernt. Dann hast du dir ein Vorbild ausgesucht, sogar kennengelernt, und dann kam das große Ziel, für das du dir aber Zwischenziele gesetzt hast.

Samuel Walter:

Ganz genau.

A.J.:

Du hattest aber eine Zeit lang Probleme zu spielen und auf der Bühne zu stehen. Was war da los und wie bist du aus diesem Teufelskreis herausgekommen?

Samuel Walter:

Es war das ganz Übliche, dass man aus welchen Gründen auch immer nicht sicher auf der Bühne steht. Bei mir hatte das damals viel mit Vorbereitung zu tun und mit der Sicherheit, die Sachen zu können oder eben nicht zu können. Ich war für vieles einfach noch nicht bereit. Ich habe zu schwere Stücke gespielt.

Und dann kommt die Erinnerung an diese negativen Erfahrungen erschwerend hinzu Wenn man dann wieder auf die Bühne geht, dann geht sofort der Film los: Als du das schon mal gemacht hast, lief es total schlecht, und den Fehler darfst du nicht noch mal machen!

Auf der Bühne geht also der Kopf an und dreht sich. Aber er dreht sich nicht um das, um was es eigentlich geht, sondern um das, was vielleicht schon längst gelaufen ist oder was man hofft oder was auf gar keinen Fall passieren darf. Und in dem Moment, wo man in dieses Mindset reinrutscht, ist es einfach vorbei.

A.J.:

Also Angst?

Samuel Walter:

Genau, ganz klar.

A.J.:

Und die Angst setzt sich dann zusammen aus den Ängsten, dass das Publikum einen auslacht oder dass man seine eigenen Maßstäbe nicht erfüllen kann? Oder welche Angst war das, die dich da ergriffen hat?

Samuel Walter:

Ich denke, eine Mischung aus allem. Ich glaube, die Furcht vor dem Eigenversagen war die größte. Aber auch vor der Beurteilung des Publikums, wenn zum Beispiel Studenten der Trompetenklasse da sitzen und man ganz genau weiß, die hören jeden Kratzer, die wissen ganz genau, was da passiert. Oder auch in einem Probespiel, wenn da eine Jury sitzt, bestehend nur aus Musikern. Natürlich geht dann diese negative Gedankenspirale noch viel mehr los.

A.J.:

Und wer hat dich damals und in welcher Form aus der Angst rausgeholt?

Samuel Walter:

Ich habe angefangen, mich selber damit zu beschäftigen. Klar, meine Mutter hat meine Probleme gesehen und gesagt: „Guck doch mal, dass du dieses und jenes machst." Aber so richtig los ging es, als ich technisch sicherer wurde und mich mit der Methodik des Trompetespielens selbst beschäftigte.

Als in der Schule eine Facharbeit zu schreiben war, war Lampenfieber ein Thema für mich, also nahm ich es als Thema für die Facharbeit. Ich musste das Thema auf den Umfang von acht Seiten eingrenzen und nutzte als Literatur ein Musiker-Medizinbuch, wo erklärt wurde, wie Lampenfieber eigentlich funktioniert. Im Menschen stellt sich bei Lampenfieber die Frage Fight or Flight: Entweder du stellst dich der Situation oder du fliehst. Der menschliche Körper reagiert erst mal mit dem Fliehmechanismus. Und den können wir beim Trompetespielen einfach nicht gebrauchen. Flache Atmung kann niemand auf der Bühne gebrauchen, aber für das Trompetespielen ist es besonders schlimm, da man dabei abhängig von der Atmung ist. In dem Moment, wo die Atmung nicht mehr funktioniert, funktioniert gar nichts mehr.

Bei meinen weiteren Recherchen bin ich auf Dispokinesis gestoßen. Das ist eine Technik zur Körperhaltung, die aus bestimmten Urhaltungen heraus erst mal einfach nur ein gutes Gefühl auf der Bühne vermittelt. Ein aktives Gefühl im Stehen, aber auch im Sitzen, da Orchestermusiker viel sitzen. Da gibt es bestimmte Übungen. Dann habe ich eine Stunde in Köln bei Frau Stockmann genommen, einer Dispokinesis-Expertin, und meine Facharbeit fertiggeschrieben. Was wirklich geblieben ist, ist diese Wahrnehmung, wie ich sitze oder stehe. Immer wenn ich das wieder abrufe, kriege ich sofort eine ganz starke Sicherheit.

A.J.:
Also hast du dich erst mal über Lesen gebildet, dir ein Bewusstsein in Bezug auf Körperhaltung und Atmung geschaffen und dann durch praktische Übungen eine Art Neuprogrammierung in dir entfaltet, die du jetzt jederzeit abrufen kannst. Durch welche weiteren Techniken oder Schulungen bist du dann durchgegangen?

Samuel Walter:
Ganz wichtig war dann mein nächster Lehrer in meinem ersten Jahr des Vollstudiums.

Ich war technisch auf einem sehr hohen Niveau, konnte das aber nicht so richtig abrufen. Ich wusste selber gar nicht, wie gut ich inzwischen war. Mein Lehrer hat das aber gesehen und mich darauf aufmerksam gemacht, dass das Einzige, was mich zurückhielt, mein Können abzurufen, meine Angst war. Diese Gedanken wie: Ich bin noch nicht so sicher, ich kann nicht frei aus mir raus spielen, ich habe nicht die Kraft dazu.

A.J.:
Du meinst die körperliche Kraft?

Samuel Walter:
Genau. Eigentlich hatte ich die. Aber ich war total kontrollsüchtig und hatte noch nie dieses Erlebnis gehabt, freiheraus einfach zu spielen, ohne dass ich alles überdenke und jeden Parameter des Trompetespielens checke. Natürlich muss man die technischen Voraussetzungen haben, aber dieses übertriebene Kontrollieren musste ich ganz dringend aufgeben.

Ich glaube, wenn man so eine natürliche, gesamtheitliche Bewegung auf der Bühne hat, ist es immer viel souveräner und leichter, als wenn man immer noch alles kontrollieren muss. Das ist genauso, wie wenn man einen Text vor sich liegen hat und jedes einzelne Wort mit den Augen noch mal kontrolliert und den Text dadurch nicht flüssig sprechen kann.

A.J.:
Ein Loslassen, ein Vertrauen?

Samuel Walter:
Genau, ja. Mein Lehrer hat das mit mir geschafft über bestimmte mentale Übungen.

Er hat mich dreimal spielen lassen und einmal hat er gesagt: „Versuche jetzt nicht, besonders perfekt zu spielen. Das interessiert keinen, ob da jetzt ein kleiner Fehler ist." Als Zweites sollte ich mich nicht bemühen, besonders emotional zu spielen und irgendwas Spezielles zu machen, sondern erst mal mich, meine eigene Persönlichkeit zu zeigen. Das Dritte war, nicht besonders interessant zu spielen.

Und jedes Mal ging es besser und irgendwann hatte ich ein Erlebnis, was für mich total absurd war – ich denke, man nennt das im Flow spielen oder im Flow sein –, wo ich mich auf einmal selbst beim Spielen beobachtete. Ich spielte das komplette Stück durch, was auf einem sehr hohen Niveau und für mich damals sehr schwer war. Zehn Sekunden nachdem ich angefangen hatte, spürte ich in meinem Körper gar nicht mehr, was ich mache und wie anstrengend es ist. Das ging so weit, dass ich wirklich das Gefühl hatte, ich beobachte mich jetzt gerade von außen.

Mein Lehrer sagte auch oft: „Hör auf, an deinem Mundstück, an deiner Lippe mit deiner Aufmerksamkeit zu sein, sondern gehe an den Schalltrichter, an das, was der Zuhörer hört." Und dieser Perspektivwechsel hat sich dann so stark in meinem Spiel manifestiert, dass ich danach gar nicht sagen konnte, was ich da gemacht habe oder wie das gerade klang, außer dass es super war. Und es war so absurd, weil ich mich eben selbst beobachtet habe.

A.J.:
Es war aber nicht so, dass das alles rein unbewusst vor sich gegangen ist?

Samuel Walter:
Nein, aber sehr stark unbewusst.

A.J.:
Du konntest dich noch daran erinnern, dass du gespielt hast?

Samuel Walter:
Ja, das schon. Und ich konnte auch sagen, dass das sehr gut war, aber ich hätte dir keine Details mehr nennen können.

A.J.:
Ist das wiederholbar oder war das ein einzigartiges Erlebnis?

Samuel Walter:
Das ist das Riesenproblem. Eine Woche später – selbes Stück, selber Raum, selber Unterricht – und es war total miserabel. Da lief einfach fast alles schief, was irgendwie in dem Stück schiefgehen kann. Ich war den Tränen nahe, fast vor dem Nervenzusammenbruch, und fragte meinen Lehrer: „Warum geht das nicht?" Da hat er nur gesagt: „Sei doch froh, dass es überhaupt einmal ging. Es gibt so viele Menschen, die das nicht ein einziges Mal erleben."

Das hat mich ganz stark geprägt, das Wissen, ich kann das, und ich kann da hinkommen, aber es nicht als Selbstverständlichkeit nehmen. Man muss immer wieder darauf hinarbeiten, kann den Weg immer wiederholen, aber man kann nicht das Ergebnis erzwingen. Das ist einfach nicht machbar.

A.J.:
Es klingt fast esoterisch. Das ist so ein ganzheitliches Erlebnis, was du da beschreibst.

Samuel Walter:
Es ist spirituell, würde ich schon behaupten. Obwohl ich kein esoterischer Mensch bin.

A.J.:
Also hat es in dem Moment funktioniert, als du Abstand von deinem Ego bekommen hast?

Samuel Walter:
Ja, absolut.

A.J.:
Aber um in den Flow zu kommen, bedarf es der technischen Fertigkeiten?

Samuel Walter:
Genau, dafür braucht man ganz dringend diese Voraussetzungen. Man muss einmal diesen Schritt über die Kontrolle gemacht haben, und dann muss man die Kontrolle wieder aufgeben. Den Abstand nehmen, den Schritt zurück machen, die Perspektive ändern.

A.J.:
Du hattest gesagt, dass du anfangs ein eher unsicherer Mensch warst, aber es klingt jetzt für mich so, dass es gar nicht darum geht, dass du ein starkes Selbstbewusstsein kreierst, sondern Vertrauen.

Samuel Walter:
Ja.

A.J.:
Technisches Können plus Vertrauen, Abstand von sich selber nehmen, Kontrollverlust akzeptieren – und plötzlich ist etwas entstanden, was dich zu dem einzigartigen Erlebnis geführt hat.

Samuel Walter:
Für mich ist Vertrauen ein viel besserer Ersatz für Selbstbewusstsein. Wie soll man selbstbewusst auftreten, wenn man nicht in sich selbst vertraut?

A.J.:
Wir kommen da in ein sehr interessantes Gebiet, denn Selbstbewusstsein könnte auch heißen, sich seiner selbst bewusst zu sein.

Samuel Walter:
Sowieso. Selbstbewusstsein hat nichts mit „ich bin geil" zu tun, sondern für mich ist Selbstbewusstsein zu sagen: Ich bin der, der ich bin. Mit allen Stärken, allen Schwächen und allem, was ich habe und zeigen kann, aber auch, was ich nicht kann und nicht habe.

Diese Einstellung zu sich selbst war auch ein wichtiger Teil des Unterrichts bei diesem Lehrer und das hat mir seitdem extrem geholfen.

Als ich zum Beispiel zu meinem ersten Wettbewerb fuhr, war ich in der Lage, ohne Erwartungen hinzugehen und zu sagen: Ich kann einfach machen, was ich kann, es gibt aber bestimmte Dinge, die liegen außerhalb meines Einflussbereichs. Ich spielte dann wirklich mit der Einstellung: Ich versuche nicht, mein Können zu beweisen, sondern zeige mich mit allen Stärken und Schwächen und nehme es einfach hin, wenn Dinge passieren. Ich bin dann sogar in die Finalrunde gekommen, als einer der Jüngsten.

A.J.:
Wenn du vor einem Auftritt stehst, bei dem du nicht im Orchestergraben sein wirst, sondern tatsächlich exponiert auf der Bühne – wie gehst du mit der Situation um? Welche Techniken wendest du an?

Samuel Walter:
Die erste Vorbereitung für mich besteht darin, viel Wasser zu trinken. Es ist erwiesen, dass man als Blechbläser, generell als Musiker, gut hydriert sein muss. Die Lippen werden gut durchblutet und es bringt ein gutes Gefühl. Das ist grundsätzlich wichtig: Man muss sich gut fühlen.

Als ich ein sehr wichtiges Probespiel bei den Berliner Philharmonikern hatte, nachdem ein vorheriges schiefgelaufen war, fuhr ich diesmal am Abend davor schon nach Berlin. Am Morgen des Spieltags trank ich schon mal einen Liter Wasser. Dann fuhr ich zum Probespiel, um früh da zu sein und mich ganz entspannt einzuspielen.

Ganz wichtig für mich ist es generell, eine Routine zu haben, die ich durchlaufe. Wenn ich kurz vor dem Gang auf die Bühne bin und merke, jetzt kommt das Adrenalin, jetzt kommt die Nervosität richtig hoch, dann mache ich zum Beispiel gerne Atemübungen. Atem und Kopf sind stark miteinander verbunden und das Gehirn beeinflusst die Atmung. Wenn man angespannt ist, geht das sofort auf die Atmung und die wird flach. Aber man kann auch den Weg zurück gehen und von der Atmung aus die Ruhe im Gehirn beeinflussen.

Dann gibt es noch die Technik, dass man sich einmal kurz körperlich pusht, also zum Beispiel ein paar Liegestütze oder Sit-ups macht, sodass die Atmung hochgeht. Das ist eine gute Vorbereitung dafür, damit umzugehen, wenn auf der Bühne der Puls hochgeht. Man bringt mit dem Körperpushen den Puls und die Atemfrequenz hoch und registriert, wie es sich anfühlt und dass man sich dabei trotzdem wohlfühlen kann.

A.J.:
Das heißt, du hast deine schnelle Atmung immer noch nicht im Griff, aber du kriegst trotzdem ein gutes Gefühl.

Samuel Walter:
Ja. Aber es ist aber nicht primär mein Ansatz. Mein Ansatz ist eher, die Atmung so weit wie möglich runterzubringen.

A.J.:
Wie gehst du mit der Aufregung, mit dem Adrenalin um?

Samuel Walter:
Ich fühle mich auch unter Adrenalin irgendwie gut. Ich mag das Gefühl, deswegen bin ich auch Solotrompeter. Ich möchte nicht auf dem dritten Stuhl sitzen, das ist für mich auch ganz wichtig. Ja, ich brauche so ein bisschen den Kick. Das war schon immer so. Aber es gibt immer diese Grenze: eine Kurve, die geht nach oben, und ab einem bestimmten Punkt geht sie rasant nach unten, wenn man zu aufgeregt wird. Aber bis zu diesem Punkt steigert die Aufregung die eigene Leistung.

Man muss die Balance finden: Wie weit schraube ich mich zurück von meiner Nervosität, aber so, dass ich trotzdem noch aufgeregt bin? Man muss sich auf das freuen, was man da macht.

A.J.:
Eine gewisse Spannung muss da sein?

Samuel Walter:
Genau, und ich mache das mit einer einfachen Atemübung. Vier Schläge einatmen, vier Schläge halten, aber nicht so, dass der Hals zugeht, sondern wirklich muskulär mit dem Brustkorb die Luft halten, acht Schläge aus. Das unterrichtet ein Professor aus Frankfurt.

A.J.:
Also das sind bei dir die wichtigen Dinge vor einem Auftritt, Wassertrinken und Atmen.

Samuel Walter:
Ja. Und der Rest ist Kopf. Auf die Bühne zu gehen und zu sagen: Wenn nicht jetzt, wann dann? Das ist meine Chance!

Eine gewisse Aufregung im positiven Sinne ist gut, aber wenn einem die Bühnensituation oder zum Beispiel ein großes Publikum nicht Motivation, sondern Angst macht, dann muss man unbedingt am Mindset etwas ändern, sonst ist man für den Job an der Solotrompete nicht geschaffen.

A.J.:
Was ist für dich der zentrale Punkt im Mindset?

Samuel Walter:
Es ist die Einstellung: Wenn Fehler passieren, dann passieren Fehler. Und in dem Moment, wo der erste Fehler passiert, darf man nicht zusammenschrecken und auf einmal alles anders machen, sondern man muss einfach weitergehen.

Und das andere: die Freude. Das ist diese Entspanntheit, die man dadurch bekommt, wenn man sagt: Ich muss das nicht und es wird auch nicht mein Leben bestimmen, wenn es nicht klappt. Man muss sich darauf freuen und man muss es wollen, aber es darf kein Muss sein, loslassen gehört dazu.

A.J.:
Wenn du auf der Bühne stehst und du spielst, und dann gibt es eine Pause von zehn Takten –- kommst du da in eine Selbstreflexion?

Samuel Walter:
Nein, in die darf man nicht hineingeraten. Die Selbstreflexion geht frühestens los, wenn man zur der Tür raus ist. Auf der Bühne muss man da stehen und nur bei dem Ton sein, den man gerade spielt, sonst nichts.

A.J.:
Und wenn du gerade keinen spielst?

Samuel Walter:
Wenn ich nicht spiele, dann muss ich bei dem nächsten Ton sein, den ich gleich spielen werde. Und eigentlich nicht einmal das, sondern bei der Pause selbst, bei mir sein und bei dem: Wie fühlst du dich? Und was kannst du machen, dass du dich besser fühlst für die nächste Stelle?

A.J.:
Aber das ist schon eine Selbstreflexion.

Samuel Walter:
Ja, auf eine gewisse Art und Weise, aber es geht so schnell und so intuitiv, dass ich es nicht wirklich Selbstreflexion nennen würde. Natürlich beobachtet man sich selbst die ganze Zeit, auch beim Spielen, aber es ist nicht der Blick von innen, sondern der Blick von außen: Wie klingt das jetzt gerade? Dann kann man automatischer korrigieren, der Körper korrigiert und der Geist ist nicht so abgelenkt von Einzelheiten, sondern er sieht das große Bild. Auch in den Pausen muss man das große Bild irgendwie im Blick behalten.

A.J.:
Hast du mal einen Blackout gehabt?

Samuel Walter:
Ja, hatte ich, aber ich finde sehr schnell wieder rein, die sind bei mir extrem kurz und inzwischen nicht mehr relevant, weil ich kaum noch auswendig spiele.

A.J.:
Wie ist das für dich, wenn ein Konzert vorbei ist und du alleine im Hotel bist oder zu Hause niemand auf dich wartet. Stürzt du dann ab? Greifst du auf Alkohol zurück? Oder trägt dich ein erfolgreiches Konzert?

Samuel Walter:
Das trägt mich positiv. Der Alkohol gehört nach einem Konzert schon fast dazu, aber es ist dann eher das Gesellige.

Ich glaube, die Gefahr, in ein Loch zu fallen, besteht viel eher darin, wenn man größere Ziele erreicht hat, zum Beispiel die erste Stelle sicher in der Tasche zu haben, auf die man lange hingearbeitet hat.

Bei mir sehe ich diese Gefahr nicht so, weil ich immer Ziele habe, und ich habe nie aufgehört, zu arbeiten. Ich gönne mir nicht so wirklich Pausen, weil ich weiß: Das Nächste kommt, und dann muss und will ich liefern. Ich habe den Ehrgeiz, immer mein Bestes zu geben. Wir haben immer etwas zu erreichen, es gibt keine Grenzen. Es gibt so wahnsinnig viele gute Trompeter, die noch viel weiter sind, als ich es bin. Und selbst wenn es irgendwann klappen würde, dass ich bei den Berliner Philharmonikern wäre, man kann immer noch besser werden und das nächste Stück, was noch schwerer ist, noch einen Ton höher und so weiter. Ich habe immer eine Vision.

A.J.:
Als letztes möchte ich dich gerne noch fragen, ob du einen grundlegenden Ratschlag hast, den du Leuten mitgeben möchtest, die auf die Bühne gehen oder sich dafür entschieden haben, vor Publikum zu agieren.

Samuel Walter:
Ich glaube, das Allerwichtigste, um eine Sicherheit auf der Bühne zu bekommen, ist, ein Selbstbewusstsein zu entwickeln. Also sich seiner selbst bewusst werden und dann einfach zu dem stehen, wer man ist. Alles zu akzeptieren, was an Schwächen da ist, aber auch stolz auf die eigenen Stärken zu sein, egal was andere sagen.

Von manchen Leuten wird mir vorgehalten, ich wäre arrogant. Das sind dann Leute, die sehen, dass ich meine Stärken kommuniziere und zu ihnen stehe, aber die sehen nicht, dass ich auch zu meinen Schwächen stehe. Das sind Leute, die nicht sehen wollen, dass ich auch meine Schwächen kenne, weil sie nur die Stärken sehen und sich davon angegriffen fühlen. Und trotz alldem sollte man immer zu sich selbst stehen und zu dem Standing, das man sich erarbeitet hat.

A.J.:
Samuel, vielen Dank für das Interview.

5 Danksagung

Bei diesen Menschen möchte ich mich einfach einmal generell bedanken für das, was ich durch sie erfahren, lernen, genießen durfte und/oder an Unterstützung bekommen habe im Laufe meines Lebens

Meiner Ehefrau Tatiana Orlova, Vater & Mutter, Schwester Miriam, Familie Lückenotto (Teo, Brigitte, Thomas, Gabriele).

Alexander Houben, Alexander Trinkner, Alexander und Florian Beau, Alexander Xanthopoulus, Alexandra Kraus, Alfred Hillen, Allegra Klarmann, Ana Suleymanova, Andreas & Kimberly Hasenauer, Anja Quä-schning, Anna Cherkasova, Antje Bomsdorf, Antje Hessedenz, Barbara Franssen, Bernd Groß, Carmen Grüner, Christian Giesa, Christina Puciata, Christine & Ali Haichour, Christoph Beau, Christoph Wittmann, Damir Rudnew, Dieter und Carmen Holtmann, Dirk Kreuter, Dirk Wolf, Eddy Kugelstadt, Meister Edgar Hofer, Edith Bechstein, ehemalige Auringer Eltern-Nachbarschaft + Kinder, Elke Schweim, Ellen und Beate Diesterweg, Erol Erdem, Eva Niessner, Familie Höltl, Felicitas Gerlach, Felix Schumann, Galina Fyodorova, Geschichtslehrer Zang, Grundschullehrerin Teubner, Guntram Prochaska, Heiko Schweim, Heiner & Stefanie Wellnitz, Helmut Zierl, Herbert Jöllingen, H-J Bartels, Horst Schäfer, Indrani Kurz, Ines Amann, Inga Rennebohm, Irina Kochmareva, Irmgard Schmidt, Jan Friedrich, Janine Holzer, Janka Arens, Jean Rudolph Luthi, Jens Alhorn, Jens Fischer, Joachim Filliés, Joachim Heintze, Judith Kaufmann, Jürgen Nusser, Katja Krüger, Klassenlehrer Diedrich, Klaus Burger, Klaus & Gisela Pauly, Kristin Kirsten, Malte Mager, Marc Gather, Marco Arteaga, Maria Milshina, Mario & Anke Heinz, Markus und Damian Schadt, Marlis Bach, Martin Kinkel, Martin Wollweber, Mathias Harke, Matthias Diehl, Matthias Hasenauer, Matthias Müller, Max Illig, Michael Bauernfeind, Michael Dietz, Michael Heybeck, Michael Schwarzwälder, Michael und Martin Mohn, Mike Detzel, Natalia Melnikova, Niko Bonstedt, Nina Khadeeva, Olga Sagitova, Olina Lorencova, Oliver Schmidt, Olivia Pascal, Orkan Kuyas, Otto Witte, Parsa Pirouzfar, Paul Ferdinand, Rainer Leupold, Rainer und Michael Hützen, Rajinder Singh, Ralf Müller-Amenitsch, Ramon Sanchez, Rashnow Zakouri, Rita Sauer, Robert Kuntz, Roland Suso Richter, Rolf Schoffers, Rüdiger Nehberg, Rüdiger und Inge Beau, Sabine und Karin Kirchner, Sandra Pollinger- Suarez, Sant Rajinder Singh, Sara Sadeghi, Sebastian Bourgeois, Shadi Vahda, Sibylle Schuhmacher, Smaida Platais, Sonni Hönscheid, Stefan Effner, Susan und Morgan Ndembe. Sonja Müller, Sven Hofmann, Tante Meta, Tayfun Demirsan, Tessy Graber, Thomas Walter, Thorsten Dresing, Tobias Beck, Tobias Blecher, Torben Pauly, Torsten Zander, Tünde Szabo, Ulrich Schreiber, Ute und Torsten Sedivy, Valerie Robert, Verena Beau, Verena Rogler, Veronika Erdlei, Viktoria Stamm, Volker Buschmann, Meister Werner Ablass, Werner Nierlich, Werner Popp, Wilfried Bangert, Winfried & Annett Koch, Wolfgang Lambauer, Wolfgang Mucke, Yves Gruber, Zen-Meister Zensho und meiner Lektorin Julia Skelac.

Zeitfracht Medien GmbH
Ferdinand-Jühlke-Straße 7
99095 Erfurt, Deutschland
produktsicherheit@kolibri360.de